明代登科錄彙編 廿二

會試錄序

萬曆己未春當會試天下士禮部侍郎臣何宗彥臣孫如

游先期以考試官請

上命臣繼偕與學士臣燝主其事已禮臣疏言人文日盛士鱗

集不勝收方今寰寓多故需才為亟增一士獲一士用請

仍

霈新恩廣額如癸丑丙辰故事監試臣亦以為言

制曰俞一時中外臣工仰睹

主上蒐材至意無不忻忻手加額於是遵

宸斷取士三百五十有錄其文之尤以

獻臣當序首簡臣自惟經術謭淺戔戔分校一經稍麾而南

尋浮湛里中三歲所

上即家

召臣佐銓屬大計吏受郡國計簿臣於職事得參聞銖絫黍比不敢不心盡也廼令會官方程士藝懼不相入勉而竣事國所為諸士視轅日甫計吏敢即以文徼令之吏昔之士也夫舉天下監司守相令長以及佐史猥瑣之徒不可枚悉臣寧能一一肝膽之毋論肝膽亦寧能一一面目之然而某也瑜某也瑕某也良某也楛百不遺一非臆決也郡國所藉有肖而竄之者在也其肖而竄之者外則御史中丞直指使內則觭頭柱後諸大夫而酌之以司功之課第冢卿馮而斷焉臣佐銓所習衡也者如此矣蓋臣於此其

亦愈知衡文也夫士也寸晷尺幅臺卿為口毛生為舌而
湛精所至游九天潛九淵不以天地萬物易吾之思追忽
然流露間意態神情無不曲為輸寫是自肖其心也微獨
自心而已士窮三晝夜力所心紬古賢聖也心擘古豪傑
也回喬而貌賢聖則可帽猥凡而東豪傑則不顧而有善
貌賢聖東豪傑者斯亦賢聖豪傑也矣賢聖豪傑之心不
從而輸寫者乎古稱立談猶可得士況士三晝夜自輸其
賢聖豪傑之心分校諸臣殫再浹旬晝夜力諦別而受之
臣臣與臣矯憑而斷焉銖絫絫比又何敢不心盡其為瑜
瑜瑕瑕良良括括也無論面目直肝而膽之也孰與郡國
所上計簿人為貲筭石杲博物以衡吏埒哉夫進賢絀不肖

殊途同用臣竊於此竊惑焉也雖然今之士猶之古也臣以文知今日士不能以文知他日東則以士他日之心不必如今日之心也嘗試思之士出服官時猶能逡巡步武不意氣加人乎能無順詞滑澤趨微瞰乎能弄無靡波無流忌非譽巧拙乎何况千蹊萬徑各投其隙而鄉所輸寫之心久非故矣於是賢聖自賢聖豪傑自豪傑而當日之言曾不足效自獻之信士奈何不還覓之心也

主上眷於官人啓事不時下即他曹有所條列類不獲請顧獨于南宮試士之典委任如期增名如額何一再嚮答若斯豈徒後

新恩而多士寵榮意固為縣儀需才斷給一時之用爾已是

上業以先資信士而士不自信謂先資其何夫士心與吏心非兩也易曰素履往記曰不變塞反素為藻反塞為通匪藻匪通總惟士之質行者近是在卒以往耳毋變之耳依然此士則依然此心臣又何能不以信士者信吏乎哉多士乘風雲之會釋褐而升高之希

雲臺麟閣之業次亦彰纓綰紱展采四方姑乃品不必瑜而瑕見材不必良而楛見即善自覆匿人終為肖之按籍者銖較黍比將毋謂今士之文不可信臣其無懼夫周官六察吏首以廉是歲也冢卿計吏于懲墨之戒諄諄焉墨者犀嘗由不素墨者多飢由不塞臣故願士之素與塞也勉之哉惜[illegible]此心晷之一八下為豪傑為賢聖效實用於

朝家即三歲類選數千百士且賴士力人亦謂臣等區區再浹旬晝夜鉤校能得多士於三日輸瀉間既以為士慶因以為臣慶而於

皇上即家

恩臣佐銓之意可藉手報臣庶幾無懼也哉同茲役者分校則右諭德臣象坤臣守勤左中允臣輝修撰臣士俊臣士升編修臣鴻訓臣燦檢討臣應熊臣祚遠臣銓臣國楫臣楚卿給事中臣應震臣詩敎臣興邦臣亮嗣郎中臣佩諧臣良樞署郎中臣元雅主事臣儲珝而監試則御史臣州鶴臣化其譏防闕外則御史臣張至發臣董元儒得備書

嘉議大夫吏部右侍郎兼翰林院侍讀學士史繼偕謹序

考試官

嘉議大夫吏部右侍郎兼翰林院侍讀學士史繼偕　世程福建晉江縣人壬辰進士

嘉議大夫禮部右侍郎兼翰林院侍讀學士協理府事韓爌　虞臣山西蒲州守禦所籍直隸泰州人壬辰進士

同考試官

右春坊右諭德兼翰林院侍講錢象坤　弘載浙江會稽縣籍山陰縣人辛丑進士

奉訓大夫右春坊右諭德兼翰林院侍講楊守勤　克之浙江慈谿縣人甲辰進士

左春坊左中允兼翰林院編脩汪煇　德仲河南許州籍直隸休寧縣人甲辰進士

翰林院修撰儒林郎黃士俊　亮垣廣東順德縣人丁未進士

翰林院脩撰錢士升　抑之浙江嘉善縣人丙辰進士

翰林院編修劉鴻訓　默承山東長山縣人癸丑進士

翰林院編修葉燦　以沖直隸桐城縣人癸丑進士

翰林院檢討王應熊 沚熊四川巴縣人癸丑進士

翰林院檢討王祚遠 無近貴州普安衛籍應天府句容縣人癸丑進士

翰林院檢討馮銓 振鷺直隸涿鹿中衛籍昌黎縣人癸丑進士

翰林院檢討李國𣚴 元治直隸高陽縣人癸丑進士

翰林院檢討曾楚卿 元贊福建莆田縣人癸丑進士

徵仕郎戶科給事中官應震 東鮮湖廣黃岡縣人戊戌進士

徵仕郎禮科給事中亓詩教 可言山東萊蕪縣人戊戌進士

徵仕郎兵科給事中趙興邦 徹言直隸高邑縣人辛丑進士

徵仕郎兵科給事中吳亮嗣 明仲湖廣廣濟縣人甲辰進士

禮部精膳清吏司郎中莊祖誥 法欽四川成都縣人辛丑進士

刑部雲南清吏司郎中樊良樞 尚默江西進賢縣人甲辰進士

兵部職方淸吏司署郎中事員外郎王元雅 呂容山西太原衛人甲辰進士

吏部文選淸吏司主事白儲玿 粟仲直隸南和縣人甲辰進士

中式舉人三百五十名

莊際昌　永春縣人　易　項夢原　秀水縣人　書
任大冶　寧海縣人　詩　葉震生　聞喜縣人　禮記
錢敬忠　鄞縣人　春秋　施兆昂　福清縣人　詩
徐天衢　撫州府人　易　汪漸磐　杭州府人　書
沈翹楚　慈谿縣人　詩　姚明恭　蘄水縣人　詩
趙東曦　上海縣人　禮記　許可徵　尉氏縣人　易
徐廷宗　建德縣人　詩　劉　泓　海鹽縣人　書
馬維陛　會稽縣人　易　陸之祺　平湖縣人　春秋
徐在中　平湖縣人　書　陳懋德　崑山縣人　易
薛玉衡　嘉善縣人　詩　劉夢朝　同安縣人　易

祝世美　黃岡縣　易

袁弘勲　慈谿縣人　詩

李際明　安丘縣人　春秋

呂奇策　新昌縣人　書

貢修齡　江陰縣人　詩

葉憲祖　餘姚縣人　易

吳士元　進賢縣人　禮記

林　曾　南靖縣人　詩

樊一蘅　宜賓縣人　書

蘇兆先　南安縣人　易

徐景麟　上虞縣人　詩

顧錫疇　崑山縣人　書

周維持　金壇縣人　春秋

馮國英　錢塘縣人　禮記

史啓英　建德縣籍 [illegible]

尚道素　嘉興縣人　詩

曾化龍　晉江縣人 [illegible]

胡以良　南昌縣人　詩

林咨益　香河縣籍 [illegible]

吳天策　晉江縣人　易

蔡官治　湖州府人 [illegible]

劉氏悅　武昌府人　詩

梁廷棟　鄢陵縣人　易　劉廷諫　通州人　詩
喬巍　三原縣人　書　賀文明　雲南府人　詩
楊肇泰　諸暨縣人　易　石三畏　交河縣人　詩
吳炳　宜興縣人　春秋　蔡自強　湘潭縣人　易
李維喬　南昌府人　詩　陸懷玉　平湖縣人　書
楊金通　孝感縣人　詩　李中正　宜陽縣人　易
玄默　靜海縣人　詩　王庭柏　華亭縣人　禮記
潘雲會　松江府人　詩　曾省信　太康縣人　書
井學閎　鄰水縣人　易　張瑋　常州府人　詩
何吾騶　香山縣人　易　石有恒　黃梅縣人　詩
秦直　[illegible]縣[illegible]　春[illegible]　魯時升　餘姚縣人　書

蘇寅賓 同安縣人 易 王可觀 信陽州人 詩

施兀徵 無錫縣人 書 張翰南 榆次縣人 易

楊景明 光州人 詩 戴東旻 建德縣人 春秋

陳振豪 無錫縣人 書 ○陳子壯 南海縣人 易

張中蘊 永嘉縣人 詩 陳萬言 秀水縣人 書

孫傳庭 代州人 詩 史高胤 樂陵縣人 禮記

汪若極 旌德縣人 易 李先開 景州人 詩

韋應望 湖州府人 書 李濬 鄞縣人 易

謝雲虬 南海縣人 詩 呂邦瀚 餘姚縣人 易

王維夔 永嘉縣人 詩 王道英 垣曲縣人 春秋

楊世芳 蒲州人 書 袁鯨 龍陽縣人 詩

施邦曜 紹興府人 易 徐紹泰 當塗縣人 詩
龔守忠 邵陽縣人 書 高斗光 嘉祥縣人 易
沈應明 吳縣人 禮記 陳之美 邵武縣人 詩
汪邦柱 長洲縣人 易 仲嘉 秀水縣人 詩
吳裕中 江夏縣人 易 蔣覲 宜興縣人 詩
李世英 肥鄉縣諭 書 曹欽程 彭澤縣人 春秋
鄭二陽 鄢陵縣人 易。姜曰廣 新建縣人 詩
李長德 銅梁縣人 易 馮大任 嘉定州人 詩
張有譽 常州府人 書 范鑛 敘州府人 詩
馮起綸 慈谿縣人 禮記 楊鳳翥 兗州府人 易
蔡璿 沂水縣人 書 王明善 新城縣人 詩

周應期 [illegible] [illegible] 吳阿衡 裕州人 書
孫昌齡 寧晉縣人 詩 周振 麻城縣人 春秋
金秉乾 江陵縣人 易 楊文昌 長垣縣人 詩
馮運泰 灤州人 易 龔而安 南昌縣人 書
倪文煥 江都縣人 易 李士元 金鄉縣人 詩
范復粹 黃縣人 禮記 戴燁 長泰縣人 易
袁一鳳 宜春縣人 詩 邵徒春 福州府人 易
陸從諭 平湖縣人 書 邢紹德 洛陽縣人 易
石公胤 漳州府人 詩 張元芳 薊州人 書
孔貞運 句容縣人 春秋 茅崇修 丹徒縣人 詩
徐伯徵 海寧縣人 易 白貽清 常州府人 詩

王廷泰	蘇州府人	易	羅宰	南漳縣人	書
胡尚英	臨清州人	禮記	王校	商丘縣人	詩
羅萬爵	蕪湖縣人	易	范文若	上海縣人	詩
李廷森	太湖縣諭	書	王家楹	洪洞縣人	易
楊行恕	鍾祥縣人	詩	王琪	蘄州人	春秋
吳麟瑞	海鹽縣人	易	王裕	商城縣人	詩
張士升	沅陵縣人	易	葛應斗	鉅野縣人	書
余昌祚	銅梁縣人	詩	劉仲熹	廬陵縣人	易
李時馨	綏德州人	春秋	康元穗	清江縣諭	書
余文熠	長壽縣人	詩	苗思順	寧陵縣人	易
陳以瑞	淮[illegible]人	詩	周鳳岐	永康縣人	書

湯齋　武進縣人　詩　楊維新　通渭縣諭　易
陳礼成　光州學正　禮記　陳韜　息縣人　詩
羅華袞　羅山縣人　書　門克新　汝陽縣人　詩
顏繼祖　漳州府人　易　陳其仁　興化府人　詩
祖重燁　海鹽縣人　書　張翀　寧晋縣人　易
潘士川　宜春縣人　春秋　常自裕　鄢陵縣人　詩
侯安國　永城縣人　易。袁崇煥　滕縣人　詩
白源深　固安縣諭　書　李彬　臨清州人　詩
李樹初　蘄州人　禮記　何應奎　桐城縣人　易
陳所聞　青浦縣人　詩。劉麟長　晋江縣人　書
李吳滋　太倉州人　易　余子翼　隨州學正　詩

張泰階　上海縣人　易　曾偶　井研縣人　春秋
王振奇　安福縣人　書　王行健　蠡縣人　詩
吳淑　鎮江府人　易　趙恂如　番禺縣人　詩
王鼎新　臨晉縣人　書　張承詔　分宜縣人　易
李昌齡　新樂縣人　春秋　黃應秀　南海縣人　詩
黃願素　歙縣人　書　李若梓　南充縣人　詩
劉大霖　臨高縣人　易　汎夢台　歙縣人　詩
習孔化　廬陵縣人　易　徐應務　西安縣人　禮記
王建侯　山丹衛人　書　李養德　銅梁縣人　易
謝上選　漢州人　詩　閻夢夔　鹿邑縣人　易
朱繼祚　甲乙殉人　詩　彭参　閬中縣人　易

張輂　瀘州　書　李若愚　漢陽縣人　詩
呂一奏　諸城縣人　書　陳鍾盛　撫州府人　詩
倪啓祚　江都縣人　易　唐世涵　湖州府人　詩
劉宇亮　成都府人　禮記　田乃穉　蘄州人　書
傅良選　雅州人　易　王凝祚　安邑縣人　詩
黃世澤　巴縣人　書　涂紹煃　新建縣人　易
卓邁　崇安縣諭　詩　鮑奇謨　餘姚縣人　易
衛先範　韓城縣人　春秋　吳羽儀　永豐縣諭　詩
李時芃　霸州人　書　李燦然　縉雲縣人　易
安良澤　霑化縣諭　詩　鄧英　安福縣人　書
姚希孟　長洲縣人　春秋　李景賢　南鄭縣人　詩

鄭觀光 饒州府人 易
許國寵 進賢縣 詩

楊夢袞 青城縣人 書
楊錫璜 泉州府人 易

彭祖壽 武昌縣人 詩
梁廷翰 息縣教諭 易

晏清 黃岡縣人 禮記
王名世 沛縣教諭 詩

夏懋學 海陽縣人 書
楊時化 陽城縣人 易

陳此心 光山縣人 詩
陽鼎樞 代州人 易

劉弘先 臨邑縣人 詩
王嘉言 平鄉縣諭 書

喬若雯 臨城縣人 春秋
王永壽 寧鄉縣人 易

鍾斗 當塗縣人 詩
董象恒 華亭縣人 書

劉詔 杞縣人 詩
丁啓睿 永城縣人 易

梁天奇 句容縣人 詩
李逢申 青浦縣人 書

閻讃　赤[illegible]縣人　詩
劉永祚　韓城縣人　禮記
丁進　上虞縣人　易
陳堯言　永嘉縣人　詩
黃大受　豐城縣人　易
陳可薦　樂安縣人　書
林正亨　福清縣人　詩
林棟隆　太平縣諭　易
顧元鏡　歸安縣人　書
薛國觀　韓城縣人　詩
朱光熙　滋陽縣人　春秋
應朝玉　丹塗縣諭　易
黎國俊　睢州人　書
宋景雲　博興縣人　詩
王永祚　蘇州府人　易
余應桂　都昌縣人　詩
藍近任　曹縣人　書
蔣向榮　零陵縣人　易
姚鈿　長寧縣人　詩
曹延諧　巴縣人　禮記
楊鎮原　陳州人　易
蘇守範　鄢陵縣人　詩

顧宗孟 長洲縣人 書 張廷箴 諸城縣人 易
馬任遠 永年縣人 詩 陳序 曹縣人 書
周詩雅 武進縣人 詩 田景新 思南府人 春秋
黃鳴俊 莆田縣人 書 莊謙 莒州人 易
李喬 句容縣人 詩 謝邦薦 太平縣人 易
何可及 劍川州人 詩 徐日葵 江山縣人 書
陸文衡 吳江縣人 易 蕭震 蘄州人 禮記
吳國禎 真定縣人 詩 寇從化 靈寶縣人 易
劉存慧 博野縣諭 詩 王璣 開州人 書
王達元 睢州人 詩 萬谷春 進賢縣人 易
胡允極 [illegible]人 春[illegible] 閻顧行 蒲城縣人 詩

王之柱　臨淄縣人　書　楊炳　安邑縣人　詩
熊鍾英　南昌縣人　易　張翰芳　垣曲縣人　書
仇維禎　青州府人　詩　張善政　西華縣人　易
李楫　樂安縣人　書　陳燿　孟津縣人　易
樊維城　黃岡縣人　禮記　高捷　寧晉縣人　易
申爲憲　永年縣人　詩　黃廷師　泉州府人　書
徐起陸　鍾祥縣人　易　劉五緯　萬縣人　禮記
李應公　成都縣人　易　王登庸　衡陽縣諭　書
吳時亮　烏程縣人　詩　劉安行　襄陽縣人　易
張學周　內江縣人　書　黃養正　永城縣人　詩
金之俊　嘉興府人　春秋　王文清　永寧州人　易

毛九華　萊州府人　詩　單明詡　高密縣人　書

陳國鑰　甌寧縣人　易　王夢尹　寧晉縣人　詩

周維新　濟源縣人　禮記　康爾韞　同安縣人　易

張繼孟　扶風縣人　詩　張　樞　平定州人　書

王允成　上蔡縣諭　易、丁乾學　順天府人　春秋

李之奇　武城縣人　書　牛獅玄　高平縣人　禮記

陳烜奎　泉州府人　書　趙建極　永寧縣人　易

劉繼英　壽州衛人　易　雷躍龍　新興州人　書

陸卿任　常州府人　詩　康姬禹　郃陽縣人　春秋

宋治寧　棗強縣人　易　關季益　南海縣人　書

張士[illegible]　[illegible]　詩　周長應　江津縣人　禮記

楊廷詔 [illegible]人 易 孫延洞 萊陽縣人 書

王運昌 常熟縣人 詩 康承祖 泰和縣人 易

熊江 富順縣人 詩 張從容 霑化縣人 易

楊進 蒲州人 書 ○楊文岳 南充縣人 詩

宋鳴梧 沂州人 易 李士昌 墊江縣人 書

孔榮宗 商城縣人 詩 葉成章 同安縣人 易

杜齊芳 柘城縣人 詩 倪成章 潼川州人 易

段高選 江油縣籍諭 詩 史躬盛 湖州府人 書

金德義 金華府人 詩 劉斌 光山縣人 易

聶文麟 金谿縣人 春秋 王楫 泰安州人 詩

宋祚昌 廣州府人 書 孫士髦 澄城縣人 詩

四書子貢問曰有一言而可以終身行之者乎子曰其恕乎己所不欲勿施於人

括行於己者行以一不欲之心焉夫人心同此不欲有勿施之
恕而一言可括行與今夫人終身行乃知行有不一也亦惟設
其身行乃失一無不行也子貢問終身可行而以一言夫既
亦知約矣子曰行出乎身加于人使人有相拂之情孰開不關
之途行加于人操于己使己無逆閉之情孰調衆適之竅故有
一言可行終身者其恕乎恕則以己行也就己而摹一最關切
之象第曰己所不欲耳恕則以己行于人者也就己之行而指
一最直達之一言……不欲耳不欲之念視所欲之念

真以切……俎念而即明者也勿施不欲
念視施所欲之念亦更洽以茹苦之親袪加身之惡一過念
即止者也人世之平陂每于衎時露緘試以己齊觀預揣不
如意之端默通隱慽則我不為齮而閱境自夷吾身之參差盡
從施屢遞構試以人對觀崗借不相嘗之忤還闢亨衢則一日
形而畢世同合此即鄉所言取譬溥立達之欲而反證以不
欲一機者一言而行終身奚不可哉斯言也其四勿之指乎惟
克己乃能推己非二也孟子言萬物皆備於我而強恕幾反身
之誠矣是仁之方也

天地位焉萬物育焉

微道化而見性之率也夫率吾性而天地萬物各得其性斯以

祕道化耳嘗謂道原於天命君子與物共稟焉天地萬物一性也性不盡而本原先闕法象亦為之不靈三極判然離矣夫誠致中和乎蓋情載之有常行生之弗匱中和屬天地萬物者也君子已藏其朕參立而贊化茂育以對時中和不專屬天地萬物者也君子又濬其源則吾見夫天地位焉萬物育焉天地何

玄黃自若而覺今日者鍺際中職施職受混闢倍為清寧謂天地自我位可也萬物何嘗不化生自若而覺今日者絪縕中以卑以蕃胞與倍為欣喜謂萬物自我育可也故夫舒慘榮枯委之固然殆浮情不相關切耳致中則默陶吾情無不與天地萬物似而禮樂刑政畢剸于喜怒哀樂之中即於精祲氛祥祝為適然耳故和則純調吾氣無一與天地

萬物違而能育[illegible]戒懼睹聞之頃天地萬物性也以
位以育道也位焉育焉道也[illegible]之育之性也是之謂道化而率
性之量完矣誠若謂位育特言[illegible]理夫言理不徵事將毋隣於
玄寂乎哉而修己安百姓堯舜猶[illegible]何居堯舜之病堯舜之位
育也此慎獨之旨也

伊尹聖之任者也

以任定聖品從自任名之也夫聖也而特以任得名則尹其有
獨詣歟而品定矣且古今道統至伊尹以見知輔湯古今治統
至伊尹以齊聘造商人無不奇其事仰其勲竟未有定其何如
人者吾嘗于君民事使之際孳挨合之深情又于知覺先後之
閒信厚期之偉抱乃知尹之遺也則既聖矣非空質而渺所修

者也而尹之聖也屬之任矣[illegible]顧而廣不至者也凡聖之
生知也知如尹于任之一念獨凝精焉其神識明故歷諸至變
而不勞孰不為聖此其聖之有大擔荷者矣凡聖之行安行也
行如尹于任之一途獨致極焉其鴻業弘故投之至大而不懾
何莫非聖此其聖之有大承持者矣夫尹亦民耳乃自許天民
人人而任天懸為程以自期若毫不得旁貸之人者是豈董
董急功名者之所事尹亦一身耳而勤思天下直以一身任一
世設為華而自迫若毫不容逭責於己者又豈矯矯奮意氣者
之所能故曰聖之任者也以聖而任則苞蘊閎而道之統有續
即任為聖則建豎偉而治之統以開尹重天下耶天下重尹耶
[illegible]至是而何[illegible]後士何寥寥也若晉之浩唐之[illegible]

若知果任乎天下乃可有之不為始則一介不取與固任天下之權與也

易六四觀國之光利用賓于王象曰觀國之光尚賓也九五觀我生君子无咎象曰觀我生觀民也

君臣交致其所為觀焉夫觀之光而賓為尚觀之我而民感際之君臣如此且時當夫觀君大觀矣承德藉覲揚之賓臣下觀矣建極賴循省之主毋亦惟是廪為觀以倡其樂為觀而觀備矣四則仰夫主德之清明耿光足被也而所觀之光原哉我之生而流則睥睨乎不岐為兩五則念夫民風之恬穆寔修是儀也而所觀之生非緣國之光而飾則顯與化可合為一夫茲儼然稱觀國賓矣益嚴廓依日月其為昭回之光則潤

實者在我其為蔭映之光則尚實者在王斯下觀之利哉將禮
樂文章燕嘉實者侈對揚之烈焉而豈徒盛飾入朝竊餘光於
自實已也夫又惕然稱觀生主與滌瑕疵鏡粹清其為君子之
我則自生者不疚其為君子之民則並生者不虧斯上觀之道
哉將剛柔燥濕迪王躬者綰神道之化焉而豈徒補苴罅漏塗
目於民氓已也國則有實以生為之主故奮庸者咸依而休
光被於天壤民各有生以光為之照故闓沕者悉耀而黎獻共
惟帝臣觀莫備於此矣夫人主之貴以生也而所為生害亦甚
萬欲章章我生其足給乎故以賢為鑑觀之第一義也

通其變使民不倦

聖有所通於己者觀變次之夫民幾倦而即為通之微哉聖人

之通變也且[illegible]捖于元化中然而乘時耦會
以其剏制之能搏捖元化乃見聖人持世之權時至黃帝堯
天下倏一變矣混濛漸闢有隱隱不安其故者是即民之倦
也此時仍之不得盱睢未改有躍躍欲就于新者是亦民之
機也此時過之不能聖人於是有以通之通之而變不自民
矣於是隨有以變之變之而不倦若聖人使矣變伏於數百
年之前勃鬱甚遲民之胸次似別具一宇宙而特無由自剖也
一剖即與積俱通去循為日用飲食之便而何倦焉變徵於數
千年之後推移甚速民之寤言恍豫設一景界而特無由自宣
也一宣即隨通輒變曾不見此厭彼射之思而誰使焉觀四時
而知其通前不容不徃後不容不來而民在四時中亦與之為

喙舒爲寒燠若赴之也乘六龍而御其變重不得不遷陳不得不新而民在六龍中亦與之爲闔闢爲翕張誠安之也乃知變而通挧之者聖通其變因之者民非黃帝堯舜之神化詎及此乎後世浮慕變法而師心用智囂囂然熒惑天下耳目使天下失其性焉又黃虞之皐人也

翕受敷施九德咸事

明于官人者不虛其德而已夫德惟見于事乃不虛也非有以善用之庸幾乎書謂國家用人與論人異論人者程品而不分則淆用人者程事而太分則刻三德六德皆所用以集事者也人主仰謂人可不用也事可廢耶事不可廢也人又可不用耶

翕受焉說者爲之一塗寬謂易以收僞士不知德固有

采其真而偽自其者中下系之弁棄人始以偽實惟可采之不
棄人始各得以真見矣是受主翕也施之途褋謂易以致偏才
不知德固有用其偏而全自集者惟求以所難兼人乃以偏廢
惟不求所難兼人始不必以全收矣是施主斂也翕以闢旁招
之路廣大而非優容則藏德而處者既不錮之家脩斂以鮮需
之禁詳審而非雜置則抱德而來者復不阸之廷猷九德其
有不咸事乎德釀為國之精華散諸下則僅私器聚諸上則盡
為天子有而私併于公德轃為國之功能聚之獨則徒虛具散
之同則盡為諸曹有而虛歸于實蓋以翕以斂鼓舞詸而陶鑄
神也官人之法無善於此已後之用人者吾慼焉印日刑薪日
精亟與施且難之矣德不世乏而事以官廢幾何不以國擲乎

王省惟歲

以歲屬王而省獨全已蓋王無不統則責省於王者舍歲奚屬
哉箕子告武王曰天人一理如五事之得失徵若合符則凡有
動天之責者誰能忘省而責獨重省獨大所屬望王者倍切焉
王之省其惟歲乎主一尊以統羣臣舉歲事循環總此躬為管
歲一周以統四序即氣機審運亦寸心為斡旋向朝而至中
昃王何日不勵精要其參志氣於交勝歲序實關王度而時相
證合則綱紀之司然耳聽政而及糾刑王又何時有逸志要其
驗機祥以考衷王心寔造歲功而審為參稽則操提之衆然耳
故歲值其祲不敢謂滛朋比德或交煽以邪象而曰作極謂何
冊乃予實無些攻星芒一二譴即歲逢其休咎不敢謂蓋代昌

邦能助迎夫和衷而曰令祉非供毋亦德猶有闕令上帝之忌于蓋王惟有省而愛我驕我耿兩念以迴環澡身滌慮事之所為有得無失也省惟以歲而統月統時首群工而兢惕迓祉凝禧徵之所以有休無咎也曰王故責無旁諉曰歲故功無隙遺辭之念用以維皇極者如此抑天人之際微矣謂事應為適然夫隣於不足畏之說歟夫惟因天乘時政不愆于五行則月令一書為王之末務可也

詩　迺觀厥成

舉聖心於所觀寧民切矣夫民寧則成而厥成豈易哉此聖心之觀獨切也且聖人撫世斯民烏有不成者顧以聖治觀覺成之易也以聖心觀而覺成之難矣文王之求寧心誠求之也如

是而求則未寧亦可言成乎未成其可廢觀乎吾乃窺文之定念焉惟不自爲成而蘄於成者殷也吾又窺文之虛神焉惟欲竟厥寧而轉於觀者迫也惠鮮時猶有如燬之政功毋乃粉飾歟夫吾所調劑輸恤何狀也湛澤盪夫痌瘝務成厥乂安之象是所願旦夕睹已怙冒中國有仰沫之民洽不幾驩虞歟夫古含哺擊壤何狀也醲化洽於肌髓始觀厥化成之風復安能頃刻忘已當其仁格於境則丕德也何容獨受偏枯且丕民也何忍踦遭荼毒此之成在修和因以遏暴而獨觀其深乃至勢阻乎心則九州也何樂使一方抱怨且臣子也何敢代君父任恩此之成在止敵并以止仁而迥觀倍若盖王道非期速成而成以自爲則私我以爲民民則公耳即如傷非作而觀而觀以

計效則小康觀以訂其見之成耳逼駿之聲以此大抵治非作
之難而成之難貞觀之盛猶不克終乃沾沾仁義既效也聲則
損矣詎可令觀成者見也
式固爾猶淮夷卒獲翩彼飛鴞集于泮林食我桑黮懷我
好音
願懷遠以猷而取與于向化者焉夫惟猷足以服遠也飛鴞
猶知向化何憂淮夷哉頌魯侯者曰國家之御夷也其感孚先
德教而懾服在謀猷我侯泮宮一作淮夷已攸服矣然卒其獲
而虞其卒也豈兵威能使之懷哉夫亦固爾猶乎出啟明之膺
慮以宏順治胄且經營飭所必周也允塞之猷其再振矣合
文武之訏謨以寓威嚴君臣輯睦綢繆無弗豫也窺伺之隙其

示消矣廟堂崇本計敵戒在詰戎禦侮之先遐邇播聲靈振疊在戰勝攻取之外如是而孔淑者且卒獲焉誠有以屈其心爾若曰文德不競不足恃也柬德無厭不可懷也彼飛鴞之集泮林執來之其食桑黮而懷好音孰鼓之乃知道化所涵濡無物不馴其鷙鸞鳳聲所感及何人不輸其款誠淮夷之向慕可類苟以自非爾猶之固將鴟張如初蒋食如初誶嫚如初也何卒獲之與有魯侯良可頌矣抑魯之弱也宜特振以武何詩人所重在此不在彼歟夫天保治內而後采薇治外此有周家法也其旨遠矣

春秋　秋公會宋人齊人伐徐　莊公二十有六年

君行無危不以幸濟紀焉淺兵出于危而紀君至幸之爾徐之

攸無煩此過言已爾之從伐戎而有討于徐蓋三時而勤兵者再得無以此狡焉者嫡而與我為難則門庭之利禦也徵兩偏師而躬親先之公寔出入此行矣而何以不致是有悅焉乃師之興也不問敵之堅瑕而悶我之銳惰故久暴者虞內潰此一戒也又不問軍容之張而悶聲援之振故孤懸者虞外軼此又一戒也而徐之伐則何如載旆而出也尋返旆而入此寧還延之役而況屬橐以從者又新伯之偏裨鞠旅以征也俄振旅而還此寧翱翔之兵而況兆旻而前者又節制之練卒夫兵之機欲疾以速而我可進可退也孫徙敵不得以惰邀我兵之勢欲厚以輯而我左提右挈之同仇敵又不得以孤乘我此一役也蓋亦為搗伐猶畧地之術行也即返自疆陲猶堂奧之啟闢也

覩夫一軍而歷兼時輕行而去之犄角覺今昔之事異而臣子之念亦殊不致以別之而聖人愛君之情彌儆已抑濟西之追以弗儆故兹之張皇得儆懲而先之乎齊何為者豈其有愛于魯經營四方而姑以警兹期無肘腋虞耳後世有壯伐而先南征者其自比于管也有以夫

齊人來歸鄆讙龜陰田 定公十年

績不嫌于自序聖一天矣此見聖之大也則入也而天即歸田之序為績也烏乎嫌且夫道不足以及遠者其績不章而心不足以同天者其量不廣若夫子仗禮責齊齊人俯首效地此何如績也既復錄之于經直著之曰來歸此又何如心也當時歷階數語樽俎不雌折衝謝過歸誠夷狄化為君子試參諸後先

歸地之事自興殂殺不備因遡諸隄亭脩歟之績正可並垂不朽夫子固不必有心居之也豈沾沾焉引為巳功亦不必有心避之也又問屑屑焉辭非吾有蓋人之自處也以人故不能化天下畛域之異即不能化一時爾戎之嫌聖之自處也以天故可以變魯之緒變齊自無難以視人之心視巳而要之自後人然觀其有績而自序也聖之異乎人也而自夫子曠觀即序績不自知也是聖之同乎天也來歸之筆即謂之據事直書可矣嘗疑野饗之辭說以語梁丘將嬰不在行歟不然質文之謝甚辨胡言之晚也弗遷揖對與曹沫登壇之劫何異吾又疑非受辭于夫子者也蓋聖人純王之化靜于因壘而後斯寔再覲焉

有父之親有君之尊

盡所以為君父者而訓儲重矣六親與尊君父所自有也非訓儲
者曷克盡此嘗謂國本繫元良教術期早豫夫惟君父道稱兩
大而誼兼在三責自不容諉耳今觀君于世子親則父尊則君
明乎尊親有全屬矣顧分懸則易疏寵極則成媟親與尊兩虧
也而不謂有情溢則揜崇嚴義勝則忘戀惻親與尊交觭也而
亦不謂有試思親則未有不愛者而愛不在逸在勞惟是以篤
摯之情行式穀之誨玉成一念直結于屬毛離裏之先是其親
也有之以天性而非徒出入顧復為煦煦也父道也試思尊則
未有不嚴者而嚴不在分在道惟是以董正之法樹表帥之模
謹凜一心更重于師保疑丞之上是其尊也有之以分誼而非
徒問豎視節為兢兢也君道也以各有立君父之極而貽謀作

則止慈即為止作以至有攝尊親之經而率祖宜王承家自能開國蓋至兼天下而有之而君之有益衍為世子之有矣諭教顧不重歟抑朝家之父子異士庶士庶親而不尊朝家尊而不親夫不親則儼然矜莊祇閞離遏耳文王之為世子也朝于王季日三乃知贅宗上庠之教有自來已

官得其體

體辨于官禮所遍栅也蓋禮所以明體也官而舍禮體何由辨乎嘗謂朝廷之上莫患于官雖具而體不明蓋職守混淆有官與無官何異而要非失之官也臣工大小之分乃卑高所轂為等埒則官之體原從禮所秩敘而成諸司煩簡之職乃聖明所制為章程則官之體還從禮所範圍而定是故隆禮之國必能

[illegible]遵禮之官自無失體凡官代則侵侵則非體夫禮以坊踰
者也才力之有餘不勝法守之有畔則官皆束而止于幅尊不
俯營卑不上擬而體以不侵得矣凡官委則曠曠則非體夫禮
以振廢者也謝責之便念不勝畏法之小心則官皆改而就乎
繩尺論竭忠作行殫力而體以不曠得矣以肅然嚴者析一體
而衆體若耳目股肱之辨而功用不紊于互濟以雝然和者通
衆體為一體若脉絡營衛之融而形骸不觭于交盩自古寅恭
師濟之朝官營其事工虞敎養之職人稱其官皆是物也禮顧
不周徧哉雖然體何傳傳于官倘藉口省官而印刻不予則幾
無體矣夫樂官不廢騶虞況大焉者乎天子以備官為節合觀
之猶信

第貳場

論　天生人才供一代之用

人主不可以不知天能知天乃能知人能知人乃能用人而後人才不窮于用夫人才誰生之天生之也天生人才將誰與之與人主也人主而不知天將謂雲泥虎鼠權寔在我則或屑越棄擲之而以可用者置之無用即知天而不知類聚羣分栽培傾覆之天又或眯目流品藉口包荒以不可用者為可用而可用者卒歸于無用至于可用者不用而萎棄之餘日就銷落一旦有事乃始躑躅傍皇拊髀嘆息思欲借才于異代則不特人才窮而生才者亦窮夫能知一代人才天不勝生人主不勝用也人主不勝用天亦不勝供也恃在知其可用不可用而不負

天生才之意耳崔與之謂天生人才足供一代之用而要在辨君子小人請申論之嘗觀天之生物矣號物之數有萬莫不各具一用而四靈為尤龍用之以作霖麟用之以儀庭龜用之以神道設教而次則為鴻之漸逵鶴之鳴皐又次則為馬之行地牛之服賈即微而載陽之羽候秋之蟲亦用之以點綴景光發竽與籟而獨于豺虎鵂鶹必遠放于幽深闇留之地不令與萬物爭則以不祥之物不欲以不可用及當可用也天之生人亦若是焉已矣夫天豈不欲人臯夔而戶曾史哉然而不能也有陽必有陰陽之數三陰之數亦三互相敵應天地不能易聖人不能違也舜之時九官命矣十二牧咨矣十六族登矣而未嘗無四凶文武之時有疏附矣有先後矣有奔奏與禦侮矣而未

嘗無三叔夫四凶與三叔此亦麟鳳之豺虎鵂鶹也然雖有四凶而无愷足供虞之用雖有三叔而亂臣足供周之用千古而下修談才盛者必歸焉此其故可知矣凡才者天下之大利大害也君子有之以濟其美小人有之以濟其惡君子有之則篤寔輝光其象為良馬之逐大車之載而國受棟隆之福小人有之則爾宇嵬潰其象為伏莽之戎彙墉之隼而國受鼎折之凶故方鳩僝功其修能非滅亮工若考也方命圮族其強力非遜于奮庸熙載也惟其才可為禹臯之才而必不肯為禹臯之心故舜甫即位而竄流誅殛輦然去之而不疑向使不辨所為君子小人而令靜言象恭之輩並立于寅恭師濟之朝則翩翩其所衆君子將畏避不暇而望其舉才譎以供吾用得乎故用

才熟必先辨君子小人之才凡忠寔而有才者必君子也即才不高而亦不失為君子也凡陰狡而有才者必小人也即才愈高而愈成其為小人也而君子小人于何辨之曰以天人主天之子也其心天之心也天心虛一念寔焉而虛者翳天心平一念觭焉而平者傾天心公一念私焉而公者僻天心正一念衺焉而正者側蔽光于蘊伏密藏之內而發竅于神明戶牖之間懸衡于低昂輕重之微而徹照于肺肝夢寐之隱其為君子之才耶知之其為小人之才耶知之其為君子之才而上焉者耶知之其為君子之才而次焉者耶知之知君子之才則必舉必先不以可用為無用知小人之才則必退必遠不以不可用害可用知上焉者之才則以寄股肱以托心膂以任黃耳金鉉不

以大用枉小用知次焉者之才則以效一官以守一職以備竹頭木屑不以小用誤大用若用藥然烏喙去而參苓薑桂無不可調若庀材然曲木削而薄櫨楶梲無不可任隨生隨用隨用隨供而蒼蒼之表喜可知也曰是真吾子已是其心恰肖吾虛平公正之心而不孤吾生才意已于是精華靈異之氣畢輸瀉以慫人主之惚取或發之夢以資之或托之卜以告之或命之紬祜以實之而才之用益不勝窮抑何天之單厚人主也則人主能以天心辨才默迎靈貺于不窮耳故人主之患莫大于不知人不知則積晴積暗則府疑夫積暗者鬼所伏而府疑者鮀所影也陰風慘澹則豺虎怒號于山林白日霾光則鵂鶹橫嘯于宸突宇夫且疑君子為小人必至負塗張孤而元夫有天劓之

偽六且疑小人為君子必至豐沛見沫而碩果有剝廬之害甚者玄黃之戰不已則主調停以平之夫陰陽一内一外而欲泰和于亦內亦外之間無是理也又甚者蠻觸之爭已厭則堅壁壘以持之夫陰陽有消有長而欲禁錮以不消不長之局尤無是理也調停之末必乘而為偏勝堅持之久必極而為耗磨此即人才若鄧林冒不足當野火之一燎而搖落蕭條之景尚恐言哉故人主知人即以一代之才猶為數世之用而無不足詩云文王孫子本支百世凡周之士不顯亦世言足也不知人即以目前之用取給于一代之才而常不足詩云式夷式已無小人殆瑣瑣姻亞則無膴仕言不足也昔東漢之季陳蕃李膺為君子張泥牢脩為小人而桓不辨也故寺獄起而漢之人才盡

會昌之時贊皇為君子靖安敏中為小人而武不辨也故崖州行而唐之人才盡元祐紹述之際司馬呂范為君子惠卿惇卞為小人而哲不辨也故黨碑立而宋之人才盡嗟乎此豈非千古用人之炯鑒哉乃辨之不可不早辨焉蓋嘗反覆于夬姤之間與夬以五陽決一陰至易也而曰揚庭曰孚號至莧陸而猶懼其未光姤以一陰遇五陽至微也而曰女壯曰繫柅至包瓜而後幸其有隕夫夬之五近于六則武周之于三叔是也姤之柔制于初則舜之于四凶是也人知虞周之際純陽用事而抑知聖人之為一陰慮若是其深遠乎雖然人主當知天以辨才君子亦當奉天以自愛其才今有千金之璧于此不琢磨之什襲之以觿琮璜瑚璉之用而燕沂市驗一爭立碎則亦褻天篤

[illegible]陰兵范純粹與兄純仁書曰大輅與柴車爭逐明珠與瓦礫
相觸君子與小人鬭力中國與外邦校勝非惟不可勝兼亦不
足勝不惟不足勝雖勝亦不武也此又君子自愛其才以供一
代之用者也
表　擬兵科給事中秦崇以邊警請
勅鎮巡文武官互相咨度計出萬全
上納其言因論人臣當同心集事不以邊將為然
　廷臣謝表成化九年
　　伏以
廟筭周詳宸告適符
定命

皇綸鄭重申言用彰訓和衷
九重見萬里之明
敷語悉千官之鑑有嚴共武一鼓舞而鷹揚匪懈在公賴
紀綱之燕及仰承
飭勵俯切淩兢臣等誠惶誠恐稽首頓首竊惟盛世綏安內
攘外之圖上臣楙同寅協恭之雅侵伐之征不服謙能以
鄰出門而交有功隨惟從正故啟非賢不乂而師之克在
和臣三千一乃心永清適奏族十六濟厥美時敘攸臻況
將相繫乎安危而文武用以經緯交驩平勃漢且以之安
劉繹憾藺廉秦不得而窺趙惟伯壎仲篪之義日少致兮
納圖鑿之盤滋多進等既懸干援抱介胄毋操之文墨乎

涼之盟詘晟而伸賞犬羊之勞遂開維州之議牛合而李
違鷸蚌之持逾固議論棼則道旁難于築舍恩讎判而同
室易以操戈邊境可憂憂尤在于堂奥干城何倚倚更屬
乎腹心自非盡剖其畛封何以驟更乎絃轍茲蓋伏遇
皇帝陛下
繼離出震
撫泰保豐
張天步肅百靈歌陳時夏
乘帝車導六氣紀胥王春允若暢
兩宮之和爕夔舜壽充勤
躬千畝之耤藹藹幽風每

當康而念方隅思折衝而答夷裔豈止得爭中策要惟待以左
牽一面以開我心叵測三驅前獲我武維揚頌奄酋豨突
于湟中屬阿羅寨屯于河套一時巖鎮四望壘郊靴是信
臣可慮驕子故當軍興之旁午仰屋
帝命于先庚
掛髀以憑詎俟披垣登對
虛懷而聽兼俞我部覆陳期收方略于金城宜下
璽書于河北我
神京三面所控盡氊裘蠢爾之鄰凡重鎮九關而維為首尾
率然之勢彼建若之與專閫若固圉之與陳師灼有良圖
或甲可而乙否莽無得策乃此却而彼前亦知功罪之維

均可釋機宜而自用盍遵碩畫勿憚諏詢期奏膚功用紓
宵旰顧此封疆之大計寔闗
廊廟之訏謨既借前籌仍申
後命夫國之事猶家事而臣之身非己身儻各爭門户之異同
又安顧朝廷之利害矧蒿目而計方憂赤白之囊其降心
相從暫罷玄黃之戰無以穴闘託之殿爭無以和羮誤于
濟水操刀必割無中立于非任非讓之閒厝火將然無旁
觀夫自成自敗之局總之居者行者共殿邦家惟是臣哉
鄰哉何殊紳弁宜
簡書之有赫式于九圍更
温語之下宣勗哉三事臣等猥依

日月未效消塵竊有慨于世風不無關于國是亦知小群未渙幾呫囁而難言不謂大號甫頒再丁寧而告戒敢不勵同澤同裳之念別于宗于野之殊偕一心一德之儔於群策羣力之勳顧臣繹堂陛令共之義若上作而下應庶此悃誠深然于喁唱和之機儻外呼而中不聞為憂不細必宮府聯而體一麻明良得而事康伏願居安思危慎終如始蓄艾預三年徹桑周未雨之防職稽備官合耳目股肱

一八神明之用鼓舞思士用勵名爵祿收天下豪傑之心
受千八百國之共球華戎罔不率俾
邁七十二朝之登禪血氣莫不尊親臣等無任瞻
天仰
聖激切屏營之至謹具
表稱
謝以
聞

第叁場

策
問人臣之愛其君者未嘗不以君身強固與君德清明同
類並稱豈非保身保民在多歷年所歟仲尼稱舜必得

其壽而姬公敘殷宗首及周文王得無以為帝王之最
盛津津揚詡之也而二聖所以臻此者遵何德歟三代
而下豈無享國長久之君不知可望其後塵否歟
皇家卜世卜年與天無極以故
聖祖開基御世最久
列聖駢集純禧而
肅皇帝尤臻其盛矣猗歟庥哉
皇上以大德恢弘
祖烈鎣精圖理迄今四十七年如日方升行駕舜文而度之矣
其迓祉凝庥而錫福臣民者安在可得而揚厲之歟論
舜文者一曰無為一曰無逸操術不同矣而同享上壽

將無有互發者歟說者又有挈鈕轉樞二喻其指兆當
抑不妨迭用之歟豈君德君身原無二道歟幸颺言之
附詩人天保之誼
天子所以秉籙凝圖洽與祥風翔而曆隨斗精永者必賴
有壽臧熾昌之身培千萬年之元命亦必賴有清和粹美
之心毓千萬世之元神故人主愛以其身於天下也非徒
一人之身而已將天下元命胥此培也而何可不養人主
尤貴以其心於天下也非僅一人之心而已將天下元神
胥此毓也而又何可不養然而心與身非二物也養心與
養身無二機也世主聞養身之說輒欣然喜聞養德之說
或憔然惟恐未免於心身之養劃而歧之也歧則必謂天

子一身寔享天下大奉若之何以天下勞也矧延年之術
不曰毋勞爾形乎是則有狃之心矣狃不與驕期而驕至
歧則必謂天子一心實為天下受成若之何以天下役也
矧延年之術不曰毋搖爾精乎是則有怠之心矣怠不與
忽期而忽至驕也怠也若是則德且日隳身之養能幾何
聖主不其然存元命于不竭不疲之府而匪燕安夫以存
而匪燕安也君身強固所以愈基清明也盪元神於無怠
無荒之源而匪屑瑟夫以盪而匪屑瑟也君德清明所以
愈滋強固也心與身合而為乾行不息之真保身又與保
民合而成歛時敷錫之滔美哉皇皇乎聖主之大年而蓋
臣之上願已粵稽上古帝者莫盛於大舜王者莫盛於周

文舜生三十徵庸在位五十載文王受命惟中身肆享國五十年計其壽百年以上人也孔子稱舜必得其壽而周王壽考詩人歌之周公首舉與殷宗並列夫非以帝王之吉祥善事津津揚厲之哉迺其所以臻此固非若韓子所云逆旅之宿監門之奉以天下為桎梏又豈其能經鳥伸呴噓呼吸修渾沌之術而置天下於無何有耶考之有虞在位詢岳咨牧明目達聰虔禋祀謹政刑上亮天工下熙庶績遠以讋服蠻夷舜之所以必得其壽也亦越周文卑服即功衆恭惠保微直遊田之弗敢即至日昃而食猶弗遑然後求寧觀咸有餘快焉此周王所以壽考也總之古先帝王所以為心即其所以為養身而已矣三代而下非

無永年之君顧或崛起偏安不足應受命之曆者姑置勿論獨建元開元二后席富有居崇高差號錚錚然一則海内虛耗竟貽輪臺之悔一則羯奴擾亂不免劔閣之行多年多變多事多辱即國家元氣且幾斲削而無餘何論一身復敢望舜文之後塵乎哉洪惟我

昭代

太祖神聖統天

成祖復恢弘大烈

列宗纘承鞏固之基鴻麗之祚傳千古無二我

皇上益增崇而光大之以

皇極符

天心以五福施
帝祉卽戩
朝享年之永稱
高皇享國之永稱
肅皇而
皇上直不啻遠過焉抑豈無道以臻此乎草茅士未能効班掾
之典引圜令之樺書鋪揚盛美然竊嘗管闚其崖略矣
皇上御極之初
黼座時臨也
經筵時涖也
圜丘方澤時虔也率

祖率
親時篤也閣部大臣
便殿時勤晉接機宜時與商籌也臺省耆碩漸羽時見充廷
批鱗時蒙止輦也蓋四十七載于茲恩渥纏綿優禮有
疊霈之綸
寵頒有賁延之典其以大譴大呵褫杖罷者十無二三焉皂
囊中補牘之奏粉署寬越俎之陳其以小犯小觸罹圜扉
者百無四五焉
聖上之錫福於臣工如此其滲漉矣水旱則蠲歲租荒侵則發
廩貸即工費不無征榷也而明示以停止自有日焉從征
軫其辛勞卜捷酬以賚予即稅畝亦爲軍興也而明禁其

多派及再征焉
皇上之錫福於黎元如此其綢繆矣固宜合萬國之惟奉於
一人而華衆庶之和歸之
宸極以錫爲歛於鄙哉其以膺
佑命迄鴻庥允致昇平億萬斯年未有艾者此物此志也顧自
靜攝以來蕁止聞聲
睿德淵微非臣下所能窺測而謬度者謂
皇躬之純嘏遠駕舜文乃
宸修之要渺亦似取衷於舜文之間而未免觭用盖以舜文皆
上壽也然孔子稱舜之治曰無爲而周公訓成王稱文王
曰無逸無逸則不得言爲無爲則不得更無逸二聖人固時

相剌謬愚獨以為非也舜之在位若所為詢岳咨牧云者
何嘗一日不為而爰知小民之依則又文王之以無逸乃
逸安得謂無為之理遂為文之無逸妨而疑舜文之有觭
用也夫舜文之心法猶曰遐哉虞周耳即
皇上初年其於瑩精治理若晨起振衣果以無為致之耶抑以
無逸致之耶其不徒為自逸也明甚則今日之斂福於臣
民者固無逸乃逸之功也而胡可不孳修而舉焉故
天地
祖宗實式鑒臨即
深宮祇虔何如對越駿奔之為肅也而嚮答殷矣師保凝丞
實資啓沃即

神謨天縱何如堂廉晝接
旃廈日御之為得也而祛練至矣
聖子
神孫實承詒燕即
身教惟嚴何如今親正人見正事聞正言之為易入也而引翼
康矣師濟有不在列將謀斷咸資昔之輔弼兼設數員九
卿長貳並置者今可廢乎而股肱起矣言路一不發舒將
忠貞曷鼓昔之班序無缺入選用無虛歲而建白無留牘
者今可輟乎而耳目新矣他未可更僕聊舉其凡是即文
王之所以無逸乃大舜之所以無為也夫
皇上而無意養身之說則已誠有意養身之說也豈必外心而

求之哉何者帝王經天下國家于一心則亦通天下國家為一身即以身論內而五腑六臟外而五官四肢三百六十節無不賅存而精神血脉管攝其間藉令精神一息不幹運則痞鬲結轖之患生血脉一處不周流則跛盤偏枯痿痺憔悴之形見故身不強固非所以介壽而德不清明何以強固其身為無疆保艾之身記稱志氣如神而歸諸清明之在躬則君心之與身不容岐而二也審矣蓋闘有押斂者慮鋒芒以過用而缺也顧鋒不時淬則不銛不試之水斷陸剸則安所用鋒芒之銛利為有如一匣不啓塵封之矣闔戶坤闢戶乾中蓋有樞焉樞之不蠹也轉故也今樞而不轉其不與凡木同蠹蝕者幾希故必能運乃能

藏則匣劍正以裕轉樞之用亦惟善藏必善運則轉樞所以妙匣劍之施持是說而交用之無逸無為非兩槩强固清明一候也今天下之為痞鬲非直一端矣而誰之胸腹也其為結轖非僅一節矣而誰之脉理也其為跌盤偏枯憔悴之象又復所在而是矣而誰之手足四支也

皇上試思三十年前胸腹無不注也今何以轖脉絡無不周也今何以關手足四肢無不貫也今何以痿痹誠不敢謂實有所狃意者

臨御久而茀祿康若天心可常享也其遂有狃之迹誠不敢謂槩有所忘意者閱歷多則瞻矚若大小羣臣無足佐下風也其遂有忘之心此非所以為清明强固之候也夫漢

武唐玄皆永年也說者謂武帝過于運而不能藏玄宗過於藏而不能運殊不知窮兵侈費好大喜功豈惟不善藏併所運而非也溺心床第惑志姦淫豈惟不善運併所藏而非也彼哉無足為今日擬而善藏之又善運之是在

皇上一轉樞耳竊意久闇而闢今惟其時有如一旦慨然修初年之政凡前所稱皆歷試而有効者一一舉行則未央風日何必減昭陽沉香之宴怡俊士書詩何必下粉黛貂璫之諧笑即此養德即此發身將形不虞勞精不虞揺計自今四十七年以至億萬斯年戩穀蕃宜與天無極兼舜文之曆遠駕之矣區區禪書獻引何能鋪揚百一哉生且拭目逢其盛也

問自古帝王未有廢法成治者即有虞玄化乃典謨所載
法又何詳記稱商周之治或親而不尊或尊而不親而
宋人尚論詩書謂駿發嚴厲簡潔明肅者歷數十傳而
克自振似亦觭重法矣此其說不與記相發歟將法有
強有弱而國勢亦因之歟後世之主或綜核信必而吏
道以興或仁恕恭儉而政刑多縱皆令辟也而治效異
可陳其概歟洪惟
太祖高皇帝肇造乾坤周防密緯大抵懲弛而用嚴先臣謂
本朝立國規模與前代不同而兼綜虞商駕軼成周矣
列聖繩繩守為家法肆我
皇上神明天縱金甌億年而萬目私憂者謂化成以來迴異初

服玩惕日滋紀綱日解令人思昔年嚴飭之政夫

皇上攬柄獨操籠駕千古豈輓近柔主能望萬一乃屢積強之

勢反有積弱之虞其故安在豈自為強者乃其所以弱

歟今欲毅然振刷轉弱為強以飭

祖宗盡善之規永

萬曆無疆之治何道而可諸士其茂明之

國不可一日無法國無法與無國同法不可一日不強法

不強與無法同夫法之強也弱也非一日之積也蓋當立

國之初而規模固已定矣立國強者歷數十世而不失為

強立國弱者纔數世而浸底其弱何也一代之法乃一代

之人心風俗所搏捖而不知範圍而不過者也顧法強矣

所習故之久乘而為頹靡則強也轉流為弱矣而千推之心乘而為逞臆則弱也反迹于強夫強而流于弱筋緩肉驚病若瘻痺之不起不可言也弱而迹于強外彊中乾病若結轖之不化尤不可言也故善立法者在無先開其弱端而善守法者在常固操其強勢今夫執玄化馳非有虞耶乃甫即位而挈天下之大權又立為考績黜陟之法而皋益諸臣于囹夫法度慎憲省成更斷斷致戒焉則謂有虞為尚法嚮矣可也表記謂商人先罰後賞尊而不親周人賞罰用爵列親而不尊而蕤樂城尚論商周以為商詩駿發嚴厲不若周之寬緩而和柔其書簡潔明肅不若周之委曲而繁重故其剛強之俗有以自振于衰微此論蓋

興來記相聯大抵三代立法莫強于商故國勢亦莫強于
商周即多歷年所其全盛不及也嗣是而降法之簡嚴無
如漢而確守制度者為宣帝法之文雅無如宋而優柔寬
裕者為仁宗常攷漢自建元以後虛耗極矣宣帝承之勵
精綜覈當時政事文學法理之士咸精其能雖寔謂算計
見效優于孝文良非激論向使嗣匪元成中興茂烈必不
奄奄中絕也宋自景德以後侈大見矣仁宗承之純用寬
厚吏治多偷故范仲淹條十事司馬光進五規幾于動色
向使濟之以明作再傳而後豈至紛紛改革耶繇斯以觀
法度有強弱而國勢因之三代而下一轍已洪惟我
太祖高皇帝

載闢乾坤
重新日月
鑒百王之全徽掃勝國之積頹律令成于手更宮制定于睨
歲鉤繩聯絡綱目謹嚴于時上無骩骳之習下無偭錯之
懲法較徃代為最強革除之際弱矣
文皇帝起而肴定之而益強正德之季又弱矣
肅皇帝起而振刷之而復強此固
二聖天授勇智聲靈赫濯要亦立法之初強勢先定也
皇上文武聖神纘承家法獨秉太阿權璫干紀必誅元慝陸梁
必翦恩南宣而威壯曾真邁績前王同符
聖祖矣顧自靜攝日久章光內璫營壘外擬紀綱漸解[illegible]

生杞人蒿目長聽

祖宗之法簡嚴過漢而末流之弊文弱頗宋萬曆初年之治綜
核信必埒漢宣而
深居玄嘿以來縱弛靡澈似宋仁試訟言之凡有四害而總
由
人主之一心夫簾遠地則堂高近則堂卑所以肅朝廷也今鷄
人無向臚之唱虎賁無警蹕之儀閶闔無干掫之防
禁庭無馳驟之忌甚則觸瑟發圖震驚
之陵矣是謂上褻上使下如身使臂下從上如草從風所以
正邦國也今奸胥可以傾長吏亂民可以噬縉紳悍卒可
以昌訛言椎埋可以結黨甚則剽吏奪金橫行

幹矣是謂下盤宮府城社檢括必嚴以憑薪固耳今監局
出納計臣不得問有無內供侵牟外府不得稽覆究甚則
彩瑠而添清黃之任鎮撫而奪棘寺之平矣是謂旁竊僭
例簿書勾校必慎以吏弊多耳今六曹遷徙若傳舍而吞
史長子孫以藏奸諸司職掌若捕風而黠猾舞文法以罔
上甚則竊符而没水衡之金僞牒而鬻司銓之爵矣是謂
中飽夫上蠹則踈鮮游于千伊下盤則六蠹委于攝䝴旁
竊則叢神枯于恒愚中飽則蠛蠓成于血盡幾有此四害
而法不敷者而未也疆埸僨事竟逋馬謖之誅
當宁拊髀恥叱王尊之馭事方殷也爭辟難而乞身罰未行
也乃掩敗以邀賞嘖喈之將驕蹇而不前野心之狼棄師

而市國上下相蒙殆不止宋臣所稱磨勘僥倖之弊采名
多赦之害矣此無論
祖宗朝無此紀綱即
皇上初政威不貸錯枷何廩廩而今竟陵夷至此也則以弱于
行法反強于行意積漸致然耳夫意似便于人主而寔天
下所竊以自便者也人主自重法天下誰敢輕法人主自
輕其法天下誰復重法令
皇上所挾以操天下者何法乎意有所勸則
灌燎可以不親意有所疑則
旃幃可以久輟意有所緩則
桐封踰期始遣而顛倒之刺興意有所堅則纖芥及瓜不代

而激揚之典廢印可刓薪可積而戚近恩澤不難破格予之彼為意恡此為意溢也莠可容緦可漏而慝直纍臣必借曲詞錮之彼為意狥此為意慢也

上若曰我神操縱之術愚天下以若痴若聾困天下以不痛不癢籠天下以半明半暗駕天下以自塞自通安用此一成之法使人控揣為而不知藏舟于壑夜半有力已有負之而走者則無乃倒持利器而反予天下以自便乎哉是故奉法強者術簡而愈嚴奉法弱者權收而寔委愚謂今有四害而總由于人主之一心者此也雖然正不足為皇上難也含光之匣也塵封芒掩不能比鉛刀一發而拭以華

陰之土則風霜襲人矣繁弱之弛也筋柔弦解不能穿魯
縞一張而鏃以石梁之羽則射蹶、洞札矣
國家法守載在
祖訓會典諸書較若畫一譬如匣劍弛弓久而朽弊耳愚以為
欲重法守先行賞罰奉法者雖賤不踰時而舉扞法者貴
近不待頃而廢恩無濫于閫外威不分于出疏則法守何
患不重欲行賞罰先明功罪以勸懲分殿最不得托徑于
時趨以顯白定是非不得吠聲于曖昧議論無取調停國
是要之至當則賞罰何患不行欲明功罪先核名實菽粟
療饑而壓飯塗羹不可以果枵腹舟楫利涉而膠版土撓
不可以濟江河論事必究利害之歸程能必極初終之變

則功罪何患不明欲核名實先分職掌衣冠尸祝各有典守之司錢穀刑名本無越代之俎以一事威一官不得謝責于事内以一官辦一事不得踰畔于事外則名寔何患不核操此四者

國家之章程令甲盡為我整頓提挈而不敢弛而天下之積習夙垢盡惟我別決爬搔而靡不洒濯上兲者峭下盤者順旁竊者懾中飽者清將

高皇法制二百餘年如一日而

萬曆之治若朝曦之浴咸池頓還舊觀矣

皇上何難焉而不為此夫

皇上千古英主也即如邇者

慈宣召對立鮮驚疑遼謦一鬨忽開震虩乃知淵蟠固藏之地原有風雷鼓動之機轉弱為強直在一念即漢事可置弗論而況文弱之宋乎昔有沒淵得千金之珠者其父謂其子曰夫千金之珠必在九重之淵而驪龍頷下子能得之者必遭其睡也使驪龍而寤子尚奚微之有哉今法亦人主之驪珠也濃寐而寤此其時矣愚生蓋拭目望焉

問天心仁愛人君輕則示災重則示異所從來矣書曰克謹天戒詩曰敬天怒渝皆以靈承天心屢修省之實也末世災異頻仍察士藎臣爭思補救有因水旱上封事請減大官織造費勸大司農流恩者有因彗見請慎終如始者有論天災請修政擇官節用弛利者有論水災

請近臣更直齋略章奏者其說可傚而存歟

國家二百五十年

六心眷顧有休無斁頃四方多難災異之來在在見告甚有前

代所未聞史冊所未載者而中外若泄泄以承之豈

宸衷別有微意耶將前所稱引亦有中于今否歟夫

祖宗朝日食星孛水旱時有而卒無損于治安不知當時修省

心法可得揚厲其槩歟宋臣有言人主不畏天更有何

畏識者乃謂今可畏不在天而在民其說安出諸士其

實陳銷弭之策以闢毋謂吾非瞽史焉知天道也

蓋灾祥者世之徵也世治無亂徵天祲地妖不書於聖明

之代世亂無治徵天苞地瑞不見於昏德之朝兩者皆天

之所以愛人主也愛其為聖明也為之禎祥以彰之不愛
其為昏德而冀其為聖明也為之災害以儆之又復為之
恠異以惧之蓋至以儆惧為愛然後見天之臨下益閔而
開發人主于風雷至教之中者愈儆愈可畏而不容悠悠
忽忽以自絕于天絕天者天所必創之數也然終不可謂
其不愛于天也於順而祚之易狃帝用不臧之說也逆而
戒之多懼嘉靖殷邦之誤也然則禎祥示庥不若災異示
變之為愛尤切也天於人主大都如此蓋啓其衷不必悟
奪之鑒不遽恐不得已以文象設教若曰使人主曉然知
降割降殃之天原是卜世卜年之天則恐懼修省之主不
失為永言配命之主而天心已畢見矣古未有言災異

者書曰先王克謹天戒不曰災曰戒明乎災之所以示戒也大雅板之言夫也曰方蹶曰方難曰方虐方懠又繼之曰敬天之怒無敢戲豫敬天之渝無敢馳驅何若是扼腕苦心哉蓋從古人君其佚思初安惟始為天申命用休者什一其遇變知儆轉災為祥如拱桑雊雉之異遂成中興令主者往往什九其謂天變不足畏我生不有命在天之主者則亦什一而已夫是以淺言不足又深言之又甚言之無非承上天仁愛之心而望恐懼修省之實也自是而後主德寡修災異疊出元延時郡國水旱谷永上封事諷成帝減大官用度止尚方織造以助大司農流恩失重賦竭澤之朝安得有此切論也貞觀時彗見南方虞世南勸

文皇慎終如始勿功高古人而自矜勿太平日久而漸懈
夫子聖自雄之主誰能為此讜言也咸平初朱台符應詔
論天災請修兵農之政擇牧宰之官節軍國之用究權
之利其于豢廣殖財之弊何切中也嘉祐初鄭獬上疏論
大水請以日上章奏許近臣番休更直便殿賜坐講擇而
行其于啓事不報之習居然藥石也古寀士藎臣之補助
其君者如此哉

皇上紹天闡繹克配上帝固宜天貢符地獻禎而邇者風霾雨
雹星茀地圮層出無虛月毋亦曰前代經見乎史氏前聞
乎至鼠渡江龍鬪霄猱漨婦則異矣而

皇上若以為常也風折鐶鴟起杅河水潑赤則甚異矣

皇上以為猶常也異以為常意諸臣漫焉不必然以誦戒耳若

太白經天若彗掃斗垣

上不目擊乎而非詞也而又以為常也天昭昭致儆而藐藐視之天默默垂仁而悠悠應之竟之臣下承風將無詩人所稱方蹶泄泄者歟誠不知其解也夫以漢元成之惛也輕奪民財糜敝天下矣谷永猶能誦言止之今東南杼軸幾空何異竭廬殫地西壯鴻鴈盡徙虛云減賦蠲租計臣嘆仰屋矣樸滿竟無出期青人餓溺危矣年例還多入孔則永之言水旱者何可弗念也唐文皇之英也惟勤惟儉號稱令主泊仁義既效克終漸難虞世南不憚動色慮之以觀今日何如也往年東征西討之功既玩天下以易為

邇來虎餅火燃之勢尚幸旦夕之無事器與手久不相習
遑問十五年前之所耕耨且暫止以闢聲昔為十五年後
之委頓則世南之疏犖犖者何可勿念也宋自澶淵之後
歸幣虜人歲不足給乃至兩稅之外榷山海榷酒稅群吏
望風取盈無惻隱之實洎至皇祐輸金帛修好好不可堅
竆物力養兵兵不堪用朝廷章疏大半留中間撿一二不
急下中書樞密院以示納諫與臺諫等蓋昔人之禍已中
于此日而不知矣為今計者謂寓兵於農固非通論若
曾典所載軍數叅之戶曹所載出入亦正相準而何至馳赤
白廣召募那罔寺借水衡結鶡露肘一繞寧益於周原窮
股醫攤升斗何資于涸鮒直為此魍魎也今邊事孔棘矣

謂宜
御平臺坐煖閣延見二三大臣咨諏戰守商度糧餉如漢帝顧
馮唐問將詔趙充國論兵宋帝納韓琦三策故事以激敢
死者之氣而明示臧此朝食因以雪西夏多壘之恥固惟
此時則朱台符所論天災鄭獬所論水災者又何可勿念
也夫以今日衡前代如漢成之五侯專擅無有也如唐文
皇征伐校獵之事無有也如宋真宗之天書寶冊西祀東
封無有也惟是民生日蹙國計日耗輒舉前代基禍之轍
往往蹈之其以承天心感和氣何日之有夫天當其愛易
孚也及其儆可謝也至于愛者去激者急而厭我棄我爾
時非一番痛艾一番洒刷請命于天曠然與天下更始不

得譬有子於此自底弗類二人之慰已深乃不思負罪引
慝以格親心其尚以為子乎前代之稀闊姑無論論吾家
法
祖宗朝遇災修省後先一揆可得而言
高皇帝時星變則詔中外條陳時政雷震
謹身殿則大赦天下蓋敬天勤民之心猶病同軫焉
文皇帝時日當食陰雲不見則於廷臣請賀勿許江南大水則
命侍郎李文郁往度土田蠲歲課蓋恤民罪己之心儆予
並嚴焉
憲皇帝時京師妖眚見則禱告
禁中循省懲忿至今讀其文雖太戊桑穀之懼不嚴於此

矣

肅皇帝時畿輔及諸省大旱則納楊一清四事之請以銷天變

畏威從諫雖天乙桑林之責不屢於此矣大都天之愛

祖宗愈篤

祖宗愈密而

祖宗之承天也當寢忘席當食忘匕其心惕然如在痌瘝而身

凜凜然如處漏舟之上頹崖危石之下是以天心永眷而

世享榮華之休

皇上聖明習此至熟也而獨不羹墻一二乎

祖宗之得力在悔在改

皇上所自為得力乃在禍福叩之不動利害悚之不關先秉於

有所恃既玩於不足為其竟乃兵冥若夫以為不足畏乎未可知也宋臣司馬光有言人主不畏天更有何畏夫非畏蒼蒼之天也天聰明自我民聰明天明威自我民明威而唐馬周亦曰自古百姓愁怨國靡不危者夫馬周當貞觀明盛之朝慮已若此使及見今日百姓寒心謂何由斯以譚民有肌膚之痛奚啻灑血之河流民有吞噬之苦奚啻侵禾之蝗鼠民有俎醢之弄奚啻奪舍之猿公民有焦灼之凶奚啻焚巢之野火民有疾首顣呼奚啻鷹風之拔木民有顛躓溝壑奚啻金聲之交躔然則災異豈必在天而人臣寧暇辨其足畏不足畏哉昔黃巾同日起漢氏三十萬衆各有部曲坐作從比遂墟晉盧循唐王仙芝輩何

代蔑有天變猶遠不足畏乃人變則迫可虞耳夫民者天之因也民心思治思亂天心去留之候也及今窮而悔惕而改秉天心將轉之交而默操永乎于休之意使愛我者不終為讐我棄我抑亦人子號旻天于父母時乎懸生非贅史也信不知天道而於人情則知之矣願執事亟以上聞也

問天下國家事非庸人所能辦必有藉于豪傑明矣然未有不識之平時而能用之一旦者若乃有事亟索之無事棄擲之彼忽然有事時何以猝得其人歟抑其人固自在耳而平居建議發謀聽者不以為驚必以為笑何以克致諸用則無乃識之難歟、決識才而用之亂可治也又可先事而消天下之亂不識才而用之治可亂也竟至後時而無捄天下之亂則先後發蔂之間所關不尤急歟漢七國唐漁陽宋西北邊隱憂伏禍當時之臣有先事而陳之者矣使用其言何至無捄於亂亦有可覆說者歟或者又謂用豪傑之道與庸人不同用何以克盡豈能識者即其所為能用者歟諸士上下千古目擊時艱計思一吐胸臆之奇久矣其盡言之以佐用才之畧

國家所以撐柱宇宙毗璺俞張者豈不繇才哉夫誠急才則儲實先之矣夫誠儲才則識尤先之矣何者自古未聞有無才之世才亦未聞有乏用之時惟夫識之不蚤混處

之藉衆之中使塊然無所見長追事至而乃取辦目前才
焉所稱儲也儲之不素閒放之寂寞之濱使汎然無所受
署追事轉而驟加之一旦才焉得致用也有才而不得其
用則用竭然終不得謂之無用才而不為之儲則儲竭
然終不得謂之無才愚深有望於登識者焉何以明其然
也今夫天下之大四海之廣九夷八蠻之變態紛綸
伺隙而起窺釁而動者亦何可勝數也惟是廟堂之上目
營于寰海之遠圖慮周于宗社之大計而諸所分猷宣力
揆文奮武之人皆一代之奇人杰士措畫方畧內足以壯
中國之威外足以震窺伺覬望者而奪之魄故能措國于
泰山磐石而不搖其不可苟且也試付之二三庸人之手

明興自承平既久上下熙恬以為天下無復有事也漫不以人才饒乏為省憂循資而轉官而遷要於及格焉而止設不當其格雖有奇人杰士一切高閣置之甚則百計摧之且或錮之灰志士之氣弛豪傑之心而天下國家之事已從此蠹壞朽折而不可收拾蓋天下惟一種奇人杰士有察幾炳微之智能于衆人目睫不見之時懸照乎百年易世而為之所有排難解紛之材能于衆人束手無措之時從容遊刃焉而不為之困又有持危鎮傾之膽能于衆人逡巡蹐步之日直前把握焉而不為之懾故無事足銷天下之亂而保治于無虞有事足捄天下之亂而撥亂以返治此豈庸人所能彷彿萬一哉然而往往識之者寡

何也以智遇智而後智見愚者不知也以材遇材而後材見楛者不知也以膽遇膽而後膽見懦者不知也蓋若人之操論似迂其持謀似矯其犯一時之諱若啣耳其掩在列之長又若剌目時人不覷然而驚必哂爾而笑故難識也於是乎阨下僚擯遠方一旦有事乃始拊髀扼腕而思其人胡可得焉即得之然而非素儲矣居常則朝不坐燕不與一旦有急乃始懸綸設賞而驟加之用豈有賴焉即賴之然而非前識矣蓋愚鏞觀徃牒上下百千年而於人才之用同一慨也漢文帝時天下非劉氏不王所謂磐石之宗而賈生獨發憤諸侯強大至為分封之策而痛哭以陳也絳灌之屬方以洛陽年少害之其有能識之者乎唐

玄宗時承平日久戶口歲滋一安祿山胡兒何足為難張
九齡獨以其有反相判張守珪申軍法而固爭之上也玄
宗乃以枉害忠良疑之何論國忠林甫其又誰識之乎宋
仁宗時契丹之好方洽夏亦乞盟西北歲幣畢朝恃為羈
縻長策獨蘇軾兄弟力排其非至以必戰為主也王安石
與章蔡輩深惡之又誰有能識之者乎蓋至吳楚反書聞
而後信賈生之為深謀也漁陽鼙鼓震而後思九齡之為
先見也燕雲盟誓不終而後嘆子瞻之計慮長遠也然而
無救矣向令賈生之策得售則七國可以無變雖變亦有
以待之何至蒼黃斬謀臣謝過乎玄宗能聽曲江之言胡
兒何以得反又令反時曲江在事則調度有人潼關不破

必不至閒關幸蜀也至宋事則尤可悲矣有如眉山之論獲伸則歲幣可減以全力養兵兵必強何至困於契丹驕至女直之禍而國祚隨之哉故識才而用之亂可治也不識才而用之治可亂也識其才而蚤用之天下之亂可坐銷也識不蚤而竟不用之天下之亂卒無救也先後蚤暮之間古今成敗可見於前事矣然而才何繇能識也士居恒如干將莫邪之在匣其光芒自不可掩過即占一職效一能皆足以露才人之伎倆窺英雄之面目曲逆微奇于里社武侯監額于隆中豈待功滿漢廷之日而後知也誠另具隻眼別有慧心如鄭侯之識淮陰謝傅之識車騎梁公之識東之太白之識汾陽別之以牡驪黃之外所謂以

智知智以材材知材以膽知膽此七賢君子特達相知非可以尋常情量測者即不然隨事而徵其品因人而核其能見豹之一斑而知其大于斗也見虎之一斑而知其大于貍也舉天下人才大小鉅細高下長短如權之秤如尺之量而奇才異人偉略絕技無有軼于網羅物色之外一旦有事不當挾之藥籠搜之夾袋惟所用之耳又何患于人才之不發識乎雖然豪傑之士與庸衆不同故識不易也而用豪傑之士與庸衆亦不同則用亦不易也愚以為有四要焉蓋國家之文法所以馭中材之人使之不得為非耳非以束縛豪傑之手足也且實心任事不避形迹非大破拘攣之議以一吐其胸中之奇將無裹足躡逐步于驚

駘龍淵齋割于鉛刀乎是文法不可以不寬也有任事之
人又有議事之人任者常不足以塞議者之望而關其口
而議者憑舌端之雌黃歎言無當時未免於亂聽則害成
即閫弋獲矣又虞機先泄則害成故謙論不可以不省也
一事也而更代不知其幾何人一功也而遷延不知其幾
何歲人各有心豈能盡合無論不肖者有露長形短之忌
即賢者亦有意見齟齬議論矛盾之差則責成不可以不
專也賞不及于有功而竭力任事者息矣罰不加于有罪
而僥倖苟免者衆矣朝廷法度藐同兒戲臣子事業茫若
捕風則功罪不可以不明也四者皆所以鼓舞豪傑之術
也夫國家於人才患不能盡識之耳有其識之則必盡所

以用之將智者獻謀材者效力嚐老仲威舉凡志士之所
匪任士之所勞無不畢輳靈長之祚猶倚南山坐平原也
寧憂亂哉今疆場多故
廟堂之上僩然選將治兵已無遺筴然愚竊閱開府建牙者乃
徵于私第登壇授鉞者多起于廢官不知果真識其才而
用之乎抑姑嘗試一擲乎如出於嘗試也則是以國僥倖
也不然而誠識也何不蚤儲而用之以消萌杜隙將無所
謂無事則棄置有事則亟需焉者縱賢者不為此芥蔕而
旁觀之士有以覘
朝廷之淺深矣何況草澤英雄抱奇蘊珍者何限不亟為之
網羅徒令抑鬱無聊坎壈不得志彼一段跋扈飛揚之氣

豈能槁項黃馘卒老死牖下也則張元吳昊吳昊之事可不為之寒心而天下大計未知所終矣嗟夫天下吾之天下人才吾之人才也以吾之人才治吾之天下非難事也可以撐拄宇宙魁壘翕張而直為此廩廩也哉

問談治者內順外威尚已或乃謂外寧必有內憂豈外患不足慮也而又有謂王者詳內而略外若夫門庭之設以衛堂奧自侯衛廢而天子自為守顧安得不飭邊飭邊不得不宿重兵宿兵不得不急餉欲略外得歟

國家萬里金湯八埏磐石幾于外內無患而我

皇上威武神靈憺乎四裔平夏殄播驅倭不十年弭三大變屬

建夷外訌論者直謂折箠笞之耳不則又見謂夷無他

伎倆可略而置之然業已徵兵轉餉中外繹騷此非可置之度外明矣今師期且近即滅此朝食而留戍城守兵亦未可盡撤也餉得無憂不繼歟而或謂宜修營田之政以紓內供蓋古有罷騎兵萬人而軍需不煩大農分營兵十一而轉粟不出邛雅者湟中西川固已事已哉

朝屯田徧海內而遼至萬千三百頃忠力之臣有屢試而效者不可按而行之歟而或又謂羽書旁午萬竈呼庚茲何時也而事此然而蓄艾非迂圖也且繹此策又安出

諸士抱修攘之志當有概于中矣試借箸籌之

方今所為建長策以靖　中者內順外威勢不得偏重輕

內修外攘勢亦不得觭詳略故兵餉之議環九塞皆然而遼新被兵固圉犁庭按次而舉解嚴未有期也何得不急兵急兵不得不急餉樛庫藏增田賦請

內帑括公私幾盡次及于屯田墾塞而始有建議修復遼左營田者夫今之屯政殆難言而遼今日營田之政又難言已蓋遼用兵經歲于茲方事之始也屬新得歲官饒庾廥人有蓋藏加以議運道有旅順議告糴有朝鮮時則泄泄緩言屯而屯不得行遼左額田以頃計者萬千三百餘膏腴十三磽礫十七隱占詭漏十四所在名城長壘十五六畎澮存一二疇畛疇隴匪菑匪畬幾朝樹而夕穫焉時則紛紛急言屯而屯亦不得行兵力絀遠無巧遲茲且待久

師期在邇講步伐止齊不遑遑也二椿手時則聚訟築舍非緩非急而屯若可行若不可行此三弊者合而屯幾廢議未有堅決也不聞兵法取敵一鍾當吾二十鍾屯田一石可當轉輸二十石乎此其說具在管商管曰粟十鍾而錙金五釜而錙金商曰粟生而金死粟生境內金死境外好生粟于境內則金粟兩生倉府兩盈國強管商為富強祖故術先後符今試以邊境生邊粟以邊粟供邊兵計之上也又試以邊地足邊財以邊財生天下郡國山海之財財彌生兵彌足上之上也粤稽往事如漢湟中之役罷騎兵留萬人田而軍需不煩大農唐西川之役分營兵十二而轉粟不出邛雅

明聞所及固也雖然世不乏管商管平贊皇古今人庸渠不相及哉生經生也嘗試妄以管蠡而議蓋也有十政焉在昔遼稱土平曠宜營田患在所轄鵝鸛魚麗聚城中資私役妨也請罷擅役罰若

高帝誅假暴也卒百户吳信若

仁宗諭所司善撫也卒毋擾以征徭毋擅役妨農手役無擅而人獲以暇力農農暇肄武寓兵于農政一在易坎為水為溝瀆溝以行水去害備澇瀆以停水鍾利備暵即今海蓋間多阜陸衍沃如一營而某圩可溝可瀆何利何害畢隸田使者籍奏疆理所在因勢利導旱澇有備而營田得勢因勢得險險在我不在敵如唐李泌度為河北營田使廝

備薊門以限奚契丹蓋原隰皆可壘壁而丘甸皆可清野政二營平策虜易以計破留屯要害待其敝卒破先零近若嘉靖間李承勛巡遼于故興水縣地立大營三耕戰絶寇路瀋陽地美苦虜攻掠為阻山築墻建臺守望此遼蹟可倣行為永計政三烽燧偶息錢艾無資四顧榛莽磬室枵腹何恃而備單耜具比偶請貸以牛具粟種若
文皇以廣屯遼陽徵牛朝鮮酬以布絹分給屯軍乎屯有資而畏糧坐甲均給政四在昔魏晉置典農而中都足食開汝頼而河泝委儲勝宜歲則邊可知矧頃謀臣如雨必有囊秖任峻杜當陽其人患不得耳誠設官專督歲課屋實如
高宗初總兵鄭亨子粒數多[illegible]賞賚而屯益修政五漢置都

護塞內外護羌尉侯覇葦屯田慰穀兼制羌胡邊幅員千里鎮将如護軍者不知凡幾有事護戰無事護耕若洪永間十三守城十七屯種大要分軍立屯分屯戍營不必若前代于軍伍外分兵置司而事可舉政六竊關南北屯同而事異北諸邊與遼屯同而事尤異南屯一二年可成壯屯非遲數歲不底績諸邊屯以土著遼屯今日卒容兵無論屯所獲升斗代鍾釜即農時奪入而耰鉏即兵戍已宜禾尉即将若魏祖與諸将議僉以急務在盡敵韓浩獨急田租乃大興屯贍軍政七五才十過五危四誠具在韜鈐要以兵戰無上策而歸之地利人和和生于富足足而息洽氣倍守固戰克天順中業盛屯宣府墾田廣穀多以其

嚴築城堡易戰馬馬騰士飽兵皆強可用政八凡天下事無纖鉅貴有終始屯之始在規畫在綜理而終在究租租寬而佃軍不苦攤稅隱尸永免包賠在嚴限限嚴而收丁悉歸隸籍補伍冊藉抽屯在均戍戍均而蒐狩固寓簡練休息亦鼓嘽赫在專責責專而十羊可汰九收一甄詎濫百與政九展禮三農曰山農澤農平地農今遼兵四集山澤平地盡可畫界經緯而又令其各隨便宜樹桑棗柿栗以備歉若

高皇命秦晉二藩凡邊地屯隸種樹藝五月報屯養七月報結實十月報子粒夫以

此乃厦精神流注都屋溜拾閣辦

家法宜遵政十凡此十政可行之遼今日亦可行之諸邊行之遼今日戰固獲客兵之利不戰而耕亦不受客兵之害客兵耕固主兵之利客兵耕而主兵益競于耕尤客兵之利行之諸邊〻粟生而腹金粟無不殷〻食於〻分戶邑而邊無兎而不生之金粟即不必言管商馴致富強可也而不然者優悠玩愒盡狃三弊不講十政不獨憂遼遼以外滋甚夫師所處荊棘生焉遼自中虜客兵四集所在驛騷田野蕭條鞠為榛莽收穫既鮮儲偫烏有不及今講服鑄為壑種計有如轉輸不繼士卒脫巾即土著不憂鈔掠乎而憂乃在遼並邊諸部狡焉遼心要賞窺邊釁已形見勿恃不來而恃有備非以飽待饑先勝後戰不可憂將在九塞歲之不易民兵〻平心際此三空重以加

泒箕翕斗揭不足斬木揭竿有於枯荄澤竭不足窺鬩號澤有餘憂將在中原凡此三憂苦無十政耳及是時而亟圖之兼有六便借屯精守借守精戰便一屯合而勢分兵分而勢合分則主伯亞旅千耦可疆合則材官蹶張萬竈譁鉦便二囊血射天之舉不任受我龍虎號而卉為釜魚穴兔既已失款利安知不得戰害屯利在我而戰害彼乃獨受便三營田已修尉候相望一切芻糧藁秆爊蟊之屬不輓輸而充出遮虜障搗巢截堵惟民入保戍壘饗士習戰惟我便四千倉萬箱在民猶官封樁大盈非損即益制勝戎旃賀勝廟堂便五堂堂正正賞有戲下之分桓桓赳赳罰無杜郵之賜前茅後勁皆屯先號後笑師克相遇皆

屯也務一集軍事而舉法所謂戰鬬之法乘一破十百事
不失便六六便在我憂轉在敵敵來篝箬去勿窮追待饑
待勞徼歛而取彼雖百中行翕佚為中甚百温禺尸逐為
外憂無奈我何說者謂以此時實邊殖兵非營田自為供
不可以實非屯田練士着不可以強非實且強不可以戰
萬全之畫將在是乎嗚呼兵事之于國家也亦不細已舉
得于外福生于內畫安可不慎且預也懲軍餽糧虞饑虞
潰不得不眛于一戰戰不勝而易將益兵前餉擲虛後將
安極夫非我帷帳中贊謀應猝之臣盡千慮無一得也奉
漏沃焦無不舉之權宜衆感連篇無不集之議論而獨屯
歧若有不遑及者謂駭而為不經已則自漢鼂錯募民墾

考歷代修之參疑而謂不宜今則良策武衍衆行宋訥守

邊策立法

累朝沿之矣嘻而謂不濟變則湟中西川用佐軍興又非優游無事時也蓋恬熙既久上下因循幹局精神既懈愉而不振旁言鈐說兼樂敗而惡成得無有謂夷虜輕犯士卒疲憊有可耕之田而不能耕如梁材所疏難于遽始者乎又得無謂耕穫鹵莽收貯侵欺有空存之簿書而勘其實如劉定之所議空名無益者乎又甚得無謂覈地徵逋變且立見邊氓離瘵叛漢入胡如王燁所陳釀為難端者乎如是而欲修舉屯政必不幾已監宋臣有條屯議而謂必得通明博古之士精術為害之淺者而後可而營平之堅定

戎于高平之中持振武之成戲錄于李絳之詞罷信乎法
與人相御而外與內交應相與以有濟也哉
國家之全盛
上之聰明神武計且削平底定如夏播朔鮮三大寇振旅減
賦將在昕夕乎若猶未也而求經久之畫內自紓而外圖
敵如營田者恐終不得視當艾為迂圖矣

天啟七年丁卯科江西鄉試錄亦天一閣藏書
而薛氏現存書目未載，豈以其殘破而遺之
歟。不知是科試官為倪文正公元璐，其序亦出文
正，為吾紹上虞人，乃鄉先賢，尤可寶貴，因裝
治之，付[illegible]璆藏。羅振常讀記
先君藏科舉錄止于萬曆中葉，天啟時范司
馬已歿，雖後人繼續藏天一書中，亦有順錄
閩刻本，殆非司馬原藏也
是科東同學の題名詞學建西客陵兄嘉斯
入葉書西葉書目錄中屢見，此錄當于
少坡於葉書見嘉藏目也

12085

12086

心晶誓進提學右叅政兼僉
事臣陸之祺所取士五千三
百有奇鎖院三試之臣隸風
輪背力俱盡則得士云
鏤其文二十篇以
一年會試所
郎式士文主者上山

固已渝歎而領之矣
颺言簡端臣於是乎序
惟
家以文章求士是楷其令
道所甚貴也然且爲之則不
慊曰黃榘時踊兒啼止而其
靈盡故今世之士其當官臨

不必歸獄其文郎主者盡可
得陰拱而逃辟天下之論喜
深文而漏誅於此者則不知
文章之察也且夫道甚尊
物爭敗之王者救之以甲名
故詘聽於辟召則伸囑於將
奉耾形於德行適之上勝

國已漸歎而頌之矣

門颺言簡端臣於是乎序

惟

家以文章求士是措其令道所甚貴也然且爲之則不慊曰黃葉時踊兒啼止而其靈盡故今世之士其當官歟

（此頁重複）

不必歸獄其文吏主者盡可
得陰拱而逃辟天下之論喜
深文而漏誅於此者則不知
文章之察也且夫道甚尊
物爭敗之王者救之以甲名
故詘聽於辟召則伸矚於科
奉賤形於德行適足賤

（此頁重複）

平變德行爲文章矣夫
歟以情寘今曰其於士一不察
是聞鐘鳴不可知其槪舍耳
模珠於淵者謹循其光氣見
多得珠士舍珠肝腎而翔光
氣於文章管幅相遭性命奔
竭雖臣蘇者則猶能知之也

臣所不能知者二夫孔孟者不
盡世之所歸是也孔孟不必
以爲貴孔孟望助而實疑不
享其疑不歆其信今而塗與
迮然發與夫諸於誓壇之下
臣何繇知其情哉其又不可
知者先民以繩檢皆之外 民

無穴華庸人蹝跼

名魚潛鼠循吐絲自縛蠶或

莊士然臣既未見躧者良行

則不能識矣其又才可知者

詭於盛世之容使骨辭徐偃

肉緩嵇康隱脈剋稜居無守

氣固且得福然臣疑木刃似

之亦不能識矣爾迺長爪利鉤梳疑剔理鳥飛準繩思變決起躨不沒才鶻非播紀體經能靈謹謝諸氏此數者天下之健決忠臣之行也盈寸之毫方尺之牘苟致其誠屈役不叛則萬石之

挫而十萬之虜可覩。

也故曰姑布相表越人視裏

張喉見肝握火而處夫臣所

奏士牘猶求之質也當臣受之

齋戒而察至臣亦猶行考功

之道耳於是臣當醮士臣正

告士曰必無墮其文心夫文

章之哭非黃葉也而兒亦未
止啼也非使士富官爵亦不
信今當官所共戒者神飛而
上氣伏而下用其智則日至
用其才則日死神飛上則茫
下氣伏下則究上智用以之
故不肯以死于秋之也

以死故不能以生一
數者於世則豈有銖
文心者乎使天下懷　數者
挈槧而趍戶所必立取刷去
然當官而或貴之者則是盍
說有完嚬而防風奔命縣專
車之骨也且夫聖智之名城

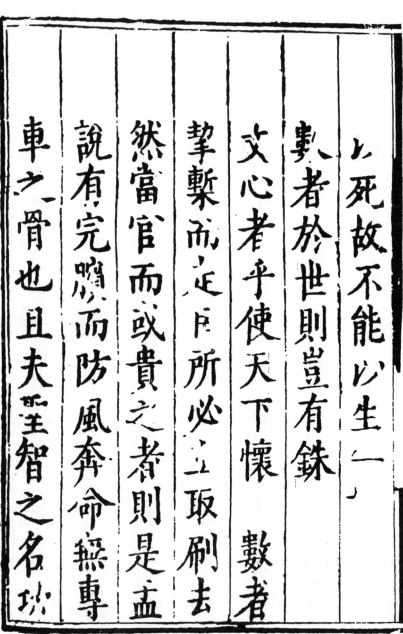

能之跡華而可悅天地之所
受藻也非足文於心苞采相
勝固不能得之譬噓水無出
焰者矣其不然固如噓火易
再曰含章言文心也　坤王
事有終言致功也於
曰天言天下之理可〻

大得寶毋者壇奉以
海士此寶毋亦壇奉
擬忠聚能坐躋皋禹　有益
功而無遷術也墨翟公輸盤
帶牒坐投而攻守之變盡假
二子轀櫨而見城下又遷術
乎哉自臣六七年所親見

天子矜
朝奮
講煥乎昭回以爲
天子之修其文章而
天子則繇之以湛新天下以武而
劍東西之孽雲漢之以[illegible]
天諸士觀乎

兵法最上其下者往[illegible]

先臣涑寧爾鄉安成

持故諫臣劉臺抵楚　謫去

已又十年守爾臨汝定潢池

之譁此爾鄉之所甚材也然

先臣之爲文章能刻深造思

而其教臣朝則目力爾文章

暮則曰無忝爾文章夫　臣

亦有取爾也　臣学於

君父卽必以論諸士　臣宀　士

免辟苟不墮諸當官則已矣

是役也內外克咸保　壬則巡

撫右僉都御史　臣楊

撫南贛右僉都御

代臣傅振商分

按察使臣黃元會臣

參政臣明士相副使應亨

玉臣佘正管署都指揮僉事

臣鄭之彝謨臣姚鎮東國

典南贛參將臣竺一凌臣右

布政使臣楊公爵以督什

右布政使臣吳光義右[illegible]議
兼僉事臣洪纖若副使臣都
任以陞任行督漁士僉
都御史臣洪聯初按察使臣
何應瑞右參政兼僉事臣潘
春副使兼參議臣
右參議臣羅之鼎

任太僕寺寺丞

部主事臣林鍾刑

臣李若愚加工部主　中書

舍人臣李學禮中書舍人臣

穆如贊臣王永隆臣　銓

行人臣蕭士瑋以使　主例

得並書

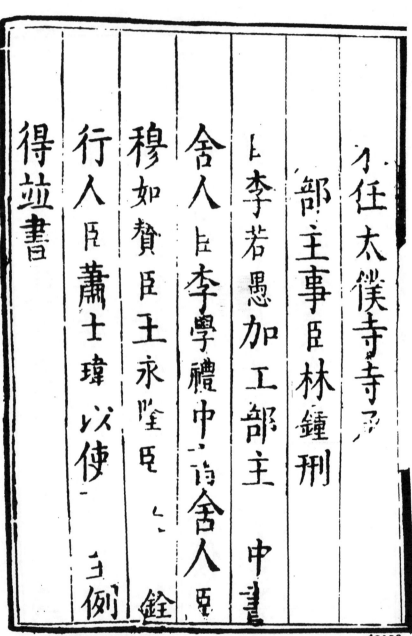

翰林院編修文林郎倪元璐

謹序

天啓七年江西鄉試

監臨官

巡按江西監察御史劉述祖 [illegible]籍[illegible]人庚戌進士

提調官

江西等處承宣布政使司左布政使王道元 餘姚籍浙江烏程縣人 丁未進士

江西等處提刑按察司副使兼布政司右參議謝璉 君[illegible]明 丙辰進士

監試官

江西等處提刑按察司副使冼憲祖 [illegible] 庚戌

江西等處承宣布政使司[illegible]按察司僉事[illegible]春 己

考試官

翰林院編修倪元璐 玉汝 壬戌進[illegible]

禮科左給事中薛國觀 家相 陝西 己未進[illegible]

同考試官

直隸松江府推官王繼廉 季清 浙江長興縣 壬戌進士

南昌府推官沈德滋 景樹 浙江嘉善縣人 乙丑進士

撫州府推官薛振猷 爾募 浙江平湖縣人 乙丑進士

饒州府推官成勇 弱翁 山東樂安縣人 乙丑進士

南昌府新建縣知縣龍文光 中黃 廣西馬平縣人 壬戌進士

南昌府豐城縣知縣沈斯棟　子上浙江仁和縣人　乙丑進士

南昌府奉新縣知縣梁士濟　逢良廣東南海縣人　乙丑進士

瑞州府高安縣知縣胡承詔　孔彰湖廣麻城縣人　壬戌進士

瑞州府新昌縣知縣沈希韶　又善直隸無錫縣人　壬戌進士

吉安府安福縣知縣高賚明　孟良廣東新會縣人　壬戌進士

撫州府臨川縣知縣王士譽　永叔河[illegible]　乙丑進

撫州府金谿縣知縣余鵾翔　鳴若湖[illegible]　乙丑進

建昌府南城縣知縣吳之屏　邦雅浙[illegible]　壬戌

饒州府鄱陽縣知縣王應斗　[illegible]

饒州府德興縣知縣劉繼昊 徽寧 巳

印卷官

江西等處承宣布政使司經歷司經歷王綱 張浮山 選貢

江西等處提刑按察司經歷司經歷董嘉善 華蓉 選貢

收掌試卷官

南昌府同知萬象新 元谷直隸宜興縣人 丁酉貢士

南昌府通判甯建中 惟一廣東靈山縣籍 南海縣人選貢

南安府通判陳夢琛 國器山東登州衛籍 直隸定城縣人監生

撫州府樂鄉縣知縣蔣德瑗 中峰浙江江山縣人 乙丑進士

受卷官

瑞州府同知戚良史 長卿浙江金華縣人 丙午貢士

建昌府同知陳明廷 載之直隸貴池縣人 癸卯貢士

南昌府靖安縣知縣余興成 伯美廣西來賓縣人 丁酉貢士

彌封官

臨江府推官王先鐸 治明浙江[illegible] 餘姚縣[illegible]

南昌府南昌縣知縣米助國 民和湖[illegible] 乙丑進士

九江府德化縣知縣趙之驊 [illegible]寧直[illegible] 乙丑[illegible]

謄錄官

饒州府同知李正芳
韞侯
贛州府推官鄧日崇
峻々 己卯吉
廣信府永豐縣知縣徐之垣
雝錫浙 乙丑進々

對讀官
南昌府通判王國祚
長卿浙江錢塘籍 仁和縣人選貢
撫州府樂安縣知縣劉志斌
穉質浙江遂昌縣人 庚子貢士
饒州府餘干縣知縣呂奇策
可獻浙江新昌縣人 己未進士

巡綽官
南昌衛指揮使朱錫佩
闓予直隸懷來縣人

南昌衛指揮僉事曹大鉉 仲玉直隷吳縣人

贛州衛指揮使謝封爵 定華江西永新縣人

南昌衛左所正千戸埜翰卿 文之山東壽光縣人

吉安所副千戸石萬金 中玉直隷上海縣人

撫州所正千戸王君顯 朔明山東濟寧州人

挍檢官

袁州衛指揮僉事馮㮚 德瑞直

袁州衛指揮僉事余効忠 恭向直

贛州衛指揮使吳廷弼 司

南安所正千户穆光祖

信豐所正千户林登奇 赤[illegible]

會昌所副千户鄧必顯 汝[illegible]直[illegible]

供給官

湖廣等處承宣布政使司理問所副理問胡一賔 子忠湖廣[illegible]縣人 准貢

江西等處提刑按察司經歷司知事芳序 邦賢福建仙遊縣人 己酉貢士

吉安府經歷司經歷蘇銓 旌宇河南許州人 准貢

建昌府經歷司經歷胡來獻 忠甫湖廣武岡州人 恩貢

南昌衛經歷司候缺經歷郭玉昇 完初浙江定[illegible]縣人 吏員

臨江府經歷司知事楊崇忠 蕭軒貴州普安州籍雲南嵩明州人已酉貢士

南昌府照磨所照磨孫國芳 季芬浙江杭州所富籍仁和縣人吏員

撫州府照磨所照磨王守敬 恭宇河南南陽縣人吏員

南昌府寧州同知李如禎 堅甫浙江瑞安縣人選貢

南昌府新建縣縣丞宋世第 恒軒四川富順縣人歲貢

瑞州府上高縣縣丞吳敏仁 [illegible]東[illegible]儒士

臨江府清江縣縣丞江興龍 于起福[illegible]吏員

撫州府金谿縣縣丞張懋煜 明甫[illegible]例貢

撫州府宜黃縣縣丞程九萬 [illegible]

南昌府奉新縣主簿車應賢　僉監生

南昌府南昌縣典史支應麟　吏員　秉瑞

南昌府新建縣典史鄒廷英　吏員　國器福

南昌府南昌縣市汊巡檢司巡檢廖光漢　吏員　虛白

南昌府豐城縣滸口巡檢司巡檢彭一沛　吏員　起漢福建僊遊縣人

南昌府南浦驛驛丞張其德　知印　國輔江西餘干縣人

第壹場

四書

臨之以莊則敬孝慈則忠舉善而教不能
則勸

從容中道聖人也

皜皜乎不可尚已

易

在師中吉承天寵也

益動而巽日進无疆

知以藏往
爲君爲父爲玉爲金
書
以昭受上帝天其申命用休
監于先王成憲
用敷錫厥庶民
率惟謀從容德
詩
八月在宇

君子攸躋
惠于朋友庶民小子子孫繩繩
有虔秉鉞

春秋

秋九月齊侯宋公江人黃人盟于貫
僖公
二年
秋齊侯宋公江人黃人會于陽
穀
僖公三年
春王正月公會齊
公陳侯衛侯鄭伯許男曹伯侵蔡
遂伐楚次于陘
僖公四年

冬楚子使椒來聘 文公九年

楚子鄭人侵陳遂侵宋 晉趙盾以

陳 宋公陳侯衛侯曹伯會晉師

林伐鄭 俱宣公元年

八月己酉入邾以邾子益來 哀公七年

禮記

庶民安故財用足

動已而天地應焉

明足以見之仁足以與之

清明在躬

第貳場

論

聖人博聞多見蓄道以待物

詔誥表　内科一道

擬漢問郡國所舉賢良文學民所疾苦教

化之要　始元六年

擬唐以馬周爲監察御史誥　貞觀一

擬

上命儒臣纂修五經四書性理大全

胡廣等恭呈

御覽進表　永樂十三年

判語

官員赴任過限

檢踏災傷錢糧

致祭祀典神祇

邊境申索軍需

官司出入人罪

第叁場

策 五道

問帝王以禮治天下而天下不之知其可
知者與爲物澤焉而已夫禮之至盛莫
若虞之禋類夏之玉帛商之玄牡周之
豆籩然是四者天下皆能稱物而名之
天下皆能稱物而名之是天下所
知也記曰禮本於太乙賈子曰曲
人之道管子曰失不禮不嗪八夫

言者難察也且溢其燦然者矣
則湛以玄解使天下不敢問之歟
王者自以其德褒人而威勝天下
子以爲是二物者皆禮也禮則若此其
亡端者歟譬者曰猶之火矣火幽於燈
而著其光大養萬物而能殺之凡陰陽
生殺之器聚於火顯藏文武之道綜於
禮有諸抑謬乎我
皇上具神明之德

龍興以來崇典極儀[illegible]舉雲會旣以

卽位之明年

郊饗

上帝其又明年

祀於

方澤而

親釋奠

孔子又明年乃朝

見

日所未舉者

月夕

陵享耕籍先農以需其時有司已悉矣故

令之世者猶幛繡而坐晨霞之下也然

天子於此其內必有精微之心而外則必有威

德之致章於露雷如池鐵山銅尋聲可

察者士能鼓吹言之歟天下觀聽之儔

夢然不足與知之也士可不知哉且夫

治以禮成而儀亦有辨其說在晏嬰之

謹欒馬子大叔之審周旋也
問宇宙艱鉅之責匪聖賢豪傑莫擔也迺
有莘樂道者直堯舜君民爲已任而玄
圭告成之日舉宰衡而遜之稷禼諸臣
此其故何與夫士人拯濟亨屯原不避
其所難就其所易然審勢度德終莫敢
以人國徼倖耳食者將無病其迂也[illegible]
原之命讓於羣卿縣上之蒐羣卿[illegible]讓
推太尉而舉所不如者三人[illegible]

舉所不如者亦三人豈盡空乏東川無將
與至先零之討謂無如老臣淮蔡之伐
請躬自督戰澶淵之役力主親征汴京
之圍獨詘和議何無攘臂之嫌哉抑各
有竅會而不拘拘於形迹功能間耶總
之富貴功名之場君子所弗競也迫之
而起叩之後應臨難絕規避之私當局
奏赫奕之績呼吸變化不結一成之相
將漫無主持者而能然與然然而任天下

事易善天下事難茲欲核眞僞之符課

名實之效使迂腐者不假處錞以覆短

頑鈍者不借脫穎以梯榮庶幾唐虞熙

亮之休美也操何道而可

問起世莫大於救弊救弊之道存乎審見

而決其功察如占氣棄之若灌

令天下甚盛然論者以爲其數則有五劇所未

西之事不與焉明經坐販

藩相顯市鹺屬無清流郡駕可詭甚劇一矣

關盆額而吏與
國分裹權與市齊貲則商蹢足重困矣
衛將什九貧竭使督饋如驅湯火輒有
髡顱以避讟予而償劇三矣考成煎熬
守令雖卓魯必得譴責而召杜亦化爲
屠伯劇四矣內地兵驕小撓輒鬨主將
囚氣劇五矣而又曰且有五中吏雜必
中於法紀錢穀長民乘非其器黷以取
䀩肭而不任一也商困必中於居農百

貨涌貴民食兼兩雖稔不飽二也饑歉
必中於編戶官運廢則民解興始於役
富終以繇貧三也守令之歎必中於司
農竭澤走險彌益仰屋四也內卒之餘
必中於邊左徵發不應天下血脉與隳
劃然遂分兩體五也察此之論五者危
見然天下不以爲可憂天下舉憂然[illegible]
耳語曰張毅養外病攻其內今如江見
必云標病不急亦已矣儻亦曰[illegible]

甚則當有屬鉞從之者顧救、焚迫、

步豈貴乎來士汝亦昌言

問鬼方逆顏玁狁犯順外患敵國原不免、

爲盛世累惟是馭之得其道耳自漢魏

晉宋唐以來代有邊患如衛霍之斬匈

奴充國之擊羌虜張既之平河西馬隆

之破樹機能沈慶之之殲諸蠻李靖李

世勣之克突厥大略可縷陳與我

國家建酋爲患十載於茲喪師失地兵風鶴

而士星牂蓋多年矣乃諸邊各夷咸伺
釁蠢動乘我之虛昨春今夏雖幸折奴
狡謀挫奴狂鋒而麗國鐵山又已被其
殘破矣古有一旅破百萬之衆文吏摧
勁虜之鋒其道安在六花八陣十二將
豈不可行於今與說者欲任用西虜督
發登兵接濟海外聲援麗國爲襲爲擣
果可憑與我
皇上威靈遐暢震怒方深

宸謨
睿算虜已盡在目中當事諸臣豈不思仰
恥剪滅此而朝食哉協謀之相細柳之
軍交權之勸不識關今要務否多士慮
切門庭之患併諸夷窺伺之心熟謀
廟算試臚列之邊籌以備采焉
問兩江右西繩無守之國也潛江於楚楚
不守嚴海於閩閩不聽守山於粵粵亦
不肯割其領既已瞭然而乃謀致其人

於農桑禮樂此固然耳夫大險不列大
鬭不起自天下戎馬之地瞻望以爲神
臯郎非具生福不能享之也然巨湖浩
淼鈞虔阻深洪弘之間嘯聚作矣其後
再傳華林瑪瑙東鄉姚源之徒探丸魆
發至戕重吏躙州邑
朝廷爲捐金錢數萬三易長帥竭數年之力僅
乃克之雖百年已事固爾鄉父兩弘羈
痛於心又今者楚驁黠孼閩奧颶尖然

時譬潰疢延潤忽然可及矣

今天下大勢兵罣東西十年不解動生草澤之心而又爾鄉賦重弊滋催科驟急兵又自徒往者有事輒檄土軍招狼格虎適足騷耳此數者皆爾鄉未形之禍也天下之變生於卒而計立於豫自命之士智略輻輳其意乃欲仰射天狼而豕奔腋下顧愕眙反走此可歎也孔子曰葵猶能衛其足諸士郎無嫌過計試條所

宜嚮者爾鄉大史如孫忠烈之謹備禦
王文成之精募練以治兵韓襄毅之均
里甲唐文襄之清飛詭以厖賦成法不
鑿儻可修舉增飭之乎夫學者牖戶之
謀參於性命豈必鵝湖所廢講哉

中式舉人一百二名

第一名孔大德　撫州府學附學生　書

第二名蕭嗣琦　吉安府學附學生　易

第三名劉　鼎　南昌府學附學生　詩

第四名趙希琇　安福縣學增廣生　春秋

第五名席　榮　臨川縣學生　禮記

第六名李茹春　臨川縣學附學生　易

第七名胡夢泰　鉛山縣學增廣生　書

第八名江南錦　鄱陽縣學生　書

第九名彭一鳴　撫州府學附學生　易

第十名張嘉瑜　廣信府學生　書

第十一名黎元寛　南昌縣學生　易　（戊辰會魁）

第十二名劉一濂　南豐縣學生　詩

第十三名鍾秉心　南昌縣學附學生　詩

第十四名涂世名　建昌府學附學生　易

第十五名徐承寵　臨川縣學附學生　詩

第十六名羅萬藻　撫州府學生　易

第十七名萬敬中　南昌縣學生　詩

第十八名傅永慶　撫州府學生　禮記

第十九名方廷淐　浮梁縣學生　易

第二十名朱君褒　安福縣學增廣生　書

第二十一名萬敬衍　南昌縣學附學生　詩

第二十二名程子奇　浮梁縣學生　易

第二十三名周廷贊　崇仁縣學生　詩

第二十四名丘時憲　建昌府學生　易

第二十五名易東昇　安仁縣學生　易

第二十六名唐良懿　南昌府學附學生　詩

第二十七名劉日价　贛州府學生　禮記

第二十八名過周謨　新城縣學生　詩

第二十九名羅逢伊　吉安府學生　易

第三十名徐鼎元　南昌縣學附學生　詩

第三十一名吴甘來　瑞州府學生　易（戊辰會魁）

第三十二名王　芳　泰和縣學増廣生　易

第三十三名袁崇熹　南昌府學生　書

第三十四名丘時行　南城縣學生　易

第三十五名江　泰　進賢縣學附學生　書

第三十六名洪子賓　金谿縣學附學生　書

第三十七名李九華　瑞州府學生　春秋

第三十八名王　鄘　上饒縣學增廣生　書

第三十九名李和鼎　吉安府學附學生　易

第四十名萬曰聰　南昌府學附學生　書

第四十一名楊其璟　豐城縣學附學生　易

第四十二名李國禎　撫州府學附學生　易

第四十三名周景運　吉安府學生　書

第四十四名鄒德基　臨川縣學附學生　詩
第四十五名劉其脩　廬陵縣學附學生　易
第四十六名劉大輦　廣昌縣學生　書
第四十七名劉孟鵕　安福縣學附學生　春秋
第四十八名焦蘇　進賢縣學附學生　詩
第四十九名龍士驤　吉水縣學附學生　易
第五十名劉宏憲　九江府學增廣生　詩
第五十一名史垂譽　豐城縣學附學生　易
第五十二名李銘　豐城縣學附學生　易

第五十三名曾　撰　宜黃縣學附學生　易
第五十四名陳其赤　崇仁縣學增廣生　書
第五十五名王秉乾　臨川縣學附學生　詩
第五十六名鄒守常　南昌府學附學生　詩
第五十七名程振輝　吉永豐縣學生　易
第五十八名張之喜　萬安縣選貢　禮記
第五十九名徐敬時　上饒縣學增廣生　書
第六十名葉富春　湖口縣學生　書
第六十一名何士愷　新城縣學附學生　易

第六十二名熊　經　臨川縣學附學生　易

第六十三名劉　岱　吉安府學附學生　書

第六十四名易道泰　進賢縣學生　詩

第六十五名朱統鑑　新建縣學附學宗生　易

第六十六名涂廷選　永豐縣學附學生　易

第六十七名何三省　廣昌縣學增廣生　書

第六十八名萬　適　南昌縣學附學生　詩

第六十九名周瑞旭　吉安府學生　易

第七十名賴繼夔　豐城縣學附學生　易

第七十一名劉仕錀　寧州學生　詩

第七十二名孫之昊　豐城縣學附學生　書

第七十三名朱統鐱　新建縣學宗生　書

第七十四名周一松　新淦縣學生　易

第七十五名吳　達　高安縣學附學生　書

第七十六名夏九河　玉山縣學生　易

第七十七名余　淑　新建縣學增廣生　詩

第七十八名汪希甲　弋陽縣學生　易

第七十九名余德部　奉新縣學附學生　詩

第八十名樊昌　新建縣學附學生　書

第八十一名李世光　吉水縣學附學生　春秋

第八十二名熊維典　建昌縣學生　詩

第八十三名戴國士　新建縣學生　詩

第八十四名鄒魁明　南康府學生　易

第八十五名趙希程　建昌府學生　詩

第八十六名伍以竑　安福縣學附學生　春秋

第八十七名左[illegible]望　永新縣學附學生　書

第八十八名范[illegible]中　廬陵縣學生　易

第八十九名汪有潤　浮梁縣學附學生　易
第九十名戴憲明　瑞州府學生　詩
第九十一名蕭于崙　廬陵縣學附學生　書
第九十二名龔　默　新建縣學附學生　詩
第九十三名董成功　德興縣學附學生　書
第九十四名劉龍躍　新建縣學附學生　詩
第九十五名葉應震　餘干縣學生　詩
第九十六名曾汝亨　新城縣學生　書
第九十七名萬文英　南昌縣學附學生　詩

第九十八名黃堯彩　德化縣學生　詩
第九十九名徐善箕　上饒縣學附學生　書
第一百名張之奇　新城縣學附學生　易
第一百一名周斌　吉安府學附學生　春秋
第一百二名曾亨應　臨川縣學增廣生　禮記

第壹場

四書

臨之以莊則敬孝慈則忠舉善而教不能

則勸

孔大德

同考試官知縣龍　批　命格崇閎鑄詞莊雅

盛世之文

同考試官推官成　批　才識兼三長豈周非

廣學可及

同考試官推官沈　批　精奇之至還歸模楷

允爲名元

同考試官推官王　批　靈姿灝氣相輔而行

亦正亦奇有典有則

考試官左給事中薛　批　超詣無前

考試官編修倪　批　先輩典型

責盡道於上者懼人以使之說求民也蓋敬忠動各有道以相盡也上實誘之猶人乎以使求民耳嘗謂君也者人治之大者也是故以人道

相治而萬物皆來屬若夫民良矣而君德則逌此亦日操其誠以來而無從見藏身之固者也何也反躬切責之事或未探與志之藏而下之人乃以爲有養欲而給求者矣位分名教之場亦易以見顓蒙之性而上之人乃以爲有繁重而不貫者矣則敬亦難言之也是即衆寡小大之無敢慢而分之以寄靈兆庶儻儀疎則傷體狎侮之萌物思奪之矣若是者不敬則忠亦難言之也是即聽依樫棌之篤於性而出之以還

歸朝署儻行薄則失眞澆漓之俗物思中之矣

若是者不忠則勸亦難言之也是卽絃誦拔擢

之異於等而守之以激厲邦家儻發裘則精㪚

薄靡之性物食其虛矣若是者不勦其惟臨之

以莊乎形齋而亂益者其勢無以相牧也然而

文繁於質已非具瞻之要矣冒於所尊以萃其

渙莊所爲合內外而嚴之稿者此也衣冠言動

各止於域而不過則耳目手足亦得以時騁而

要其宿夫品式而分昭以其爲出制者也始之

何不敬其惟孝而且慈乎薄施而厚望者其理無從相及也然而氣盛罔收已非親長之遇矣違於所生以暨其餘孝慈所為根彝極而示之趨者此也願復誠求各勤於職而不爭則輸忱獻悃乃能纖悉而貢其藏夫美達而化起以其為守內者也如之何不忠其惟舉善教不能乎小人長而君子消者其情無以相比也然而衆財易盡又非勵世之道矣立黨庠以進其善類勉其未能舉教所以收敬忠之成數者此也旌

淑別慝有以佐朝家所不及而後愚民明民俱
能輔翼而强其骨夫德明而行美以其敬益敬
忠益忠也如之何不勸然則知盡道惟上而爲
使民之說者非也閑之春夏詩書秋冬禮樂蓋
欲其忠且敬也而驕玩日甚則豈非庠序學較
之制未明乎宜敎刑之兢兢於虞廷已
從容中道聖人也

黎元寬

同考試官知縣劉　批

悟徹先天發揮不

留餘地

同考試官知縣吳　批　奇而深宏而古貞可

睥睨一世

同考試官知縣高　批　見解最超神骨更異

不朽之章

同考試官知縣沈　批　洞透根宗不落蹊徑

名筆也

同考試官推官薛　批　探玄兩象淅理入微

宜錄以式

考試官左給事中薛　批　精警絕倫

考試官編修倪　批　渾古

道得符於聖人純任天者也蓋天者道之所尊也而孰從容以中之則聖人其天乎且世之論道也莫不以自然爲宗蓋自其有道名而已然矣而未及乎爲道者也惟於有爲之中亦不失自然之意斯乃得離人而立於獨如誠者之於道是尙想誠者以天質之美而中和之氣必得余於[illegible]學因奉道而來者也誠者亦不廢有爲

之法而安徐之象復大備於其事直與道而處者也奉道而來與道而處而後爲中道而其從容亦大可見矣今夫道之生天已久而人皆起於後來則雖急從而赴尚未有至乎其前者而何得從容乃誠者直以從來之端中之此縣智過道而道失尊我先道而道處後也夫智先道者天下之所來易幾也又道之傳世甚長而人止計於當身則雖竭蹶而求尚未有及乎其後者而何得從容乃誠者直以不易之的中之此

繇才盡道而道無餘我操長而道得短也夫才盡道者天下之所未易幾也夫凡言理者於人境之所已窮則高舉而至於天爲其說之盡於天也於人力之所不得則精求而至於聖人亦爲其說之盡於聖人也而今從容中道者將以無爲爲言之乎夫無爲者玄虛之託也必有爲而絕於其勞者而庶幾焉抑以自然言之乎夫自然者委靡所乘也必有然而能有其力者而成統焉則聖人其足也盡聖人於道處於至足之

止無復有更端之地故可以優游焉耳苟舍[illegible]人而言從容將恐其未遂也最上如更有所幾幸而不及者而勉圖之心生矣道與聖人俱在無窮之域而無復爲退轉之位故可以任運焉耳苟舍聖人而言從容又恐其未離於次第如更有所矜持而恐失者而能事之用又多矣然則世無聖人而天道其終不可見乎乃天道又不可息也即有爲之法而證自然之宗究竟以屬誠之者矣盡嘗計之從容者超乘之美

名也而求誠不敢借焉則惡其懈於力也彼夫支離其形而全於天德以惡駭世者其亦從容聊哀公尚聞而悅之矣而於道何以也

皜皜乎不可尚已

過周謀

同考試官知縣王 批 奔騰之氣追琢其章讀之使人耳目一轉

同考試官知縣王 批 不糾纏江漢秋陽是具識力超卓處

同考試官知縣梁　批　從通章本色飜播而

精光陸離

同考試官知縣沈　批　浪動則日月似驚波

轉而星河若覆

考試官左給事中薛　批　氣骨嶙峋

考試官編修倪　批　雄鍊

傳聖人之神者若形像之而不能盡矣甚矣聖人之神不可見而形像之者難也皜皜之不盡也豈不可尚之語能盡乎此曾子智足知聖而

不但以尊師作著也孟子述之曰聖人之不可知也寧第形神之際人不能領其緒乎即其所主盟夫道脉者聰明不能沉其境界狂狷不能蝕其門户此天下所以有至人而無異趣也吾何以像夫子哉性道微而文章自著人爭爲其師焉吾懼其境之已懸也天之自逈也寧能揭萬區之心術以盡耀於中天四時序而日月代明人欲窺其境焉吾懼其神之已超也格之彌峻也豈可混百王之等差而相糅以萃類祇就

江漢秋陽而想像之皜皜乎其體騫而淨矣若混冥之宇祇有一淵浩之氣醞千古性命之光不得已而澄清天地使離經叛道之世銷昏濁而見高輝故當水火稼穡萬事紛更愈以顯清明之有主郎起神農而司明晦不能先皜皜而作師可知已皜皜乎其氣清以遠矣若太虛之界但有一空洞之元躍絕世聖神之彩不得已而隱躍文明使分門立戶之徒覩天日而羞黯淡故當作訛成易萬象遷變乃以見升沉之不

改卽欽昊天而授人時不能易皜皜者而立歟
可知已有此皜皜者出而沐浴倫物之纖而後
勞心之大人始得與君臣父子相安於無事言
有典行有經衣冠有源流而何能以淆其嫡派
有此皜皜者進而昭宣物理之閫而後憂民之
聖人始得與勞來匡直共被其四表家無異敎
方不殊俗饔飧無亂治而何能以淚其光華當
其時吾方有絕澤之憂吾方有薄蝕之感依日
月之末光覩江洋而向若學海而不至於海其

猶天之不可階而升也乎皜皜乎不可尚已

至以尊師之心而反晦之哉語曰樹落則糞本

弟子通利則思師師道之不尊而蒙羿自彎紀

飛相鏃蓋不特藝士有之矣

易

益動而巽日進无疆

蕭嗣琦

同考試官知縣劉　批

筆氣靈通辭調暢

尚古

同考試官知縣吳　批　精闢[illegible][illegible]博大淵雅

自非凡品

同考試官知縣高　批　丰骨超朗狀題造入

玄微

同考試官知縣沈　批　識力大而神情遠雅

正之筆也

同考試官推官薛　批　開闔變化神色一新

文中能象也

考試官左給事中薛　批　蒼[illegible]沉雄

考試官編修倪　批　刻至

善圖進者調疾徐之節而已甚矣學期日益而節必欲其善調也此動而巽有交致之法嘗聞學主於兩則化一則偏何也有主之學大力行之以小心而後徐領是在求益者相其宜而互調其竅乃可以維學之理於不敗夫亦思猛心而無謀行之而不顧其後即鬼神時避其鋒以相讓究竟欲進焉趣薄而輒靡夫亦思縱情以漫削退之而或居其後即庸愚得託其鋒以相

驕究竟能進焉骨薄而思休此非不動也不能動而巽也亦非其不巽也巽而未必本於動也惟英雄伎倆退處孺夫之後以自深其息則既足以爲藏身之固惟聖賢證嚮早已震奮迅之覕而徐按其候亦無易盡之虞此何知有進而趨之蓋著一求進心而退速之弊已乘旺而耗其力益則貯遠神於全鋒不見學中有不可試之力亦不見有漫試其力之意遊疾徐於固然候到而請自新也此何見爲進而鶩之蓋起一

驚造之心而誘力之念已固其強而弱其力益則養全力於小心不見學內有不可營營之事亦不見有泛馳其事之心調甘苦於自然時至而事自起也明知權不可謝而盈不可久接消息之變而陰葬其用夫亦求其功之有恒焉而豐報已因而積之明知機不可失而亢不可久控得失之關而有以運其神夫亦圖其志可繼焉而厚效已因而崇之鈍者正磨勇士之資懦夫能濟勇士之窮故日進无疆也吁庖丁解牛亦

九年而刃若新發於硎亦有味動巽之旨况爲

心學計者乎

爲君爲父爲玉爲金

李茹春

同考試官知縣劉　批　識透乾元格調一本

手正

同考試官知縣吳　批　法脉蒼老不事揷合

有先正風

同考試官知縣高　批　體裁莊重氣骨黝蒼

同考試官知縣沈　批　遣意雅馴格高古出人可傳不朽

同考試官推官薛　批　堂堂正正不設奇兵讀之神竦

考試官左給事中薛　批　詞藻出塵獨騁其勝

考試官編修倪　批　典整

廣乾象者於其分與賢焉蓋於君父論其尊於金玉致其美合之而乾象可得而擬議矣且義

卦始於一畫乾固易之祖也故論大分則其統
尊論成質則其體貴易俱有所以維之有所以
致之故擬一爲天爲圜而萬象已無不畢覆矣
而未也天下有統成於一而庶司不能侵天下
有氣得其先而萬物不能外者此何象哉天下
有質拋乎璞而鼎鉉可以重其負天下有精璨
其美而英華不能秘其耀者此又何象哉蓋又
嘿想卦畫而恍然遇之於乾也　夫乾爲君爲父
耶君之道不可紀而乾以君之也是首出庶物

者也父之道不可悉而乾稱乎父也是萬物畢
出者也試觀自有天以來有父子即有君臣而
乇開其始蒙養其性需𡔵其生此亦生人之事
畢此矣而孰知乾畫固有以備之也哉其乾爲
玉爲金耶玉之眞不可剖而乾陽不至於亢式
如玉也金之精不可孰而乾剛不至於雜式如
金也試觀自有天以來金借玉以自潤玉借金
以自輝而水麗其精火制其旺土厚其藏此亦
五行之用具此矣而孰知乾體固有以寓之也

哉卽是而知君父大倫也始於庖羲備於文王而憂患生矣非憂患也政所以備君臣之變也千古此乾畫則千古此君臣也卽是而知金玉重器也通氣於山澤相射於水火而見乃爲象也非尚象也政所以備物致用以爲天下利也金玉此堅貞則乾爻此堅貞也夫君父天地之大義也聖人見古鼎而造曆見鳥跡而制字見轉蓬而造舟車則安見金玉不有所以制之也哉然而皆所以維君臣也故廣八卦者亦與竝

陳云

書

以昭受上帝天其申命用休

胡夢泰

同考試官知縣龍　批　嚴重溫雅儼然訓誥之文

同考試官推官成　批　無意冗辭無憒習一洗時文陋習

同考試官推官沈　批　發揮太宰要文脩尸八

相應之旨明白懇切

同考試官推官王　批　語語可垂金石不朽之章

考試官左給事中薛　批　摹寫逼真

考試官編修倪　批　正大

休命有所以受一慎念之所環也蓋以之在位
則爲慎以之受命即爲申帝其因是而益惕乎
大禹之意若曰臣告帝以慎位以此一念即有
申無已之念也抱此念於位則恤機也九重無
可懈之儆惕務此念於天則体徵也彼蒼〻亦有

難諧之苞符故臣於位而先以都言休也以令
君臣交慎而民無不應夫豈無以而處此蓋合
荃宰之精每易挈閭闔而通冥漠而萃朝野之
順更能借有赫以勞幽潛則以仰瞻堂皇而表
裏之嚴宛若通帝命於呼吸天命之矣俯顧寮寀
而可否之獻悦乎勑天於話言矣又命之矣其
以昭受上帝命于聖王之質對與庸主之圖度異
唯是兢業特懔以保泰而持盈常若不克受者
然受以不克受而受至矣眞昭徹之極矣聖上

之內擊與英君之勉承又異唯是謙恭自持以
防損而負益常若無可受者然受以無可受而
受徽矣眞昭格之盡矣今帝以有鰥而膺唐籙
謂非天命不及此即今日者澹陽侯而荷平成
謂非天命之休不及此而未也命在蒼穹爲虛
在淵蛸者實想景星燦而卿雲爛在盛世原不
以之爲瑞獨此惟危一脈爲於穆之靈爽所結
而聚是誠無疆之引逸也休在維皇爲邈在一
祠者眞想川獻媚而山貢燁聖心原不驕之以

爲祥惟此欽哉片念爲玄宰之精英所逗而出
是誠無窮之式敷也天其以安康者綿亙爲帝
心之泰寧謂天日孜孜即帝日孜孜者受之可
也天其以弼直者重宣夫氤氳之佳氣謂天日
贊贊即臣日贊贊者共受之可也則愼位信不
容緩矣噫天人之際微矣哉虞廷論休必以君
心爲本故格天之治萬古爲烈後世忻言天天
亦因以愚之漢金馬宋天書可戒也夫
監于先王成憲

孔大德

同考試官知縣龍　批　雅調清音此尚非人間所有

同考試官推官成　批　古茂比一俗兼有爾雅之致

同考試官推官沈　批　其神澹予以清其詞蔚然而采

同考試官推官汪　批　自有一種高華之氣飄入眉宇

考試官左給事中薛　批　沉思藻色

考試官編修倪　批　有生氣

能法先王者即謂之學古可矣蓋前人者後人之師非有以監之何以爲學古法乎說曰今人主而漫言學也乃一代之芳規可尋而若不欲沿而守之則是手陳編而有獲者御家法而無從抑何不類前人寔甚說有以進之矣誠以先王所不可追者音容之杳邈懸一機以相待則胡不誌郟也所不可準者方策之陳言留一境

以自存則胡不誌承也是故日新者積日尺而
行矣匪是而浮情亦無以相束也懋昭者載簡
冊以靈矣匪是而奇氣亦無以相御也則惟是
監之而俾望斷於既謝者自王續焉而以式一
須遂相忘智力而不爭學之所以爲而不有也
亦惟監之而俾精衰於不繼者自王永焉而浮
游既攝自垂爲久遠而無敝學之所以功成而
不尸也先王逆料後之學者弱喪而不知歸故
受之以憲要使功以有所持循而愈往天下丞

而不懼於敗者恃所託也吾託吾王於先王亦其世業之不容墜者耳先王豫揣後之學者數傳而失其本故授之以成憲要使道以有所廣寄而愈傳天下虛而敢於獨行者得所附也吾附吾王於先王亦其後先之不可離者耳乃知師心之哲後爲作古而究以智作態生遂無能躍露其靈性背謬之事矜爲紛獲而究以功艱勢阻遂無從訂證其芳模則何如以聖祖之心源直接爲神孫之步武則家學一家法也又何

如以一家之堂構宛然通百代之典墳則宋以法
一古法也先王之不可不監也如是嗟夫學亦
不易言矣弘其文天祿祇爲沿襲之故事彼尋模
訪道以師儒講習爲宇內先者勝於掛壁者萬
萬矣況欲其輯志於祖法之巾

詩

君子攸躋

鍾秉心

同考試官知縣王　批

高文典冊非大手筆

不能

同考試官知縣王　批　聲琅琅若出金石如
此人豈得不高議雲臺之上

同考試官知縣梁　批　張平子萬戶千門不
足爲其贍麗也

同考試官知縣沈　批　高華典贍可與盧光
駿賦並垂

考試官左給事中薛　批　豐腴軒翔

考試官編修倪　批　麗而則

取類於躋陽象也夫躋之爲言升也日躋而照萬物君子躋而照天下實於是堂乎放之且萬類莫不遁於陰幽而發於陽明蓋氣之本乎下者靜翕而主受受者地道也氣之升於上者動闢而主施施者乾道也乾道變化各正性命吾卜之於君子之堂焉彼其順天時以創制將星日協而量衡審非夫奧窔之間西其戶南其戶之以隨方取制也必有一巍然先百室而獨表其峙抑惟是堂焉者彼其考土圭以告成將川

獄護而神鬼輸非夫尋常之家塞而向壇而戶之以利用安身也必有一赫然表萬姓而獨煥其光抑無如堂焉者其君子乎君子者不寧惟是室家之壼以養尊而胡取必於堂堂者正也正朝廷以正百官正百官以正萬民不於此一躋而使深居無下霽之光者徒令人嘆天帝之難見也此堂之所以作也君子者不寧惟是畀宮室以下其施而胡取必於躋躋者升也日之升而萬物相見君之升而百度惟貞不於此一

躋而使遐方仰南面之色者徒愾然想淵默之
如神也此堂之所以躋也蓋五行莫貴於土而
火以炎之則坎止有剛大之用故宅中版築而
方嚮必從南所以爲尊也不然下陛而馳則與
世共走自有君子之躋炯然如離之照更使人
知有堂陛之分法象莫大乎天而日以經之則
兩儀有奠麗之常故代天理物而聽治必於日
所以爲明也不然聰昧而治則氣且爲歸自有
君子之躋恍然如日之近更使人不疑堂廉之

遠故道同則不能相先必有人焉踊之與天共持變化之勢而後物莫不應天之化體夷則不能相使必有人焉蹐之端拱以爲天下之往而後人莫不誦王之明君子哉所以堯茨不翦尚興衡室之工舜門既開尤建總章之闕若曰無貴於簡陋是仍且以令後世子孫無復加也

惠于朋友庶民小子子孫繩繩

劉鼎

同考試官知縣王　批　[illegible]見宏瀚[illegible][illegible][illegible]起

可謂然有文心

同考試官知縣王　批　渾灝瀟灑如公孫大娘之舞劒

同考試官知縣梁　批　求之古文則公穀董管之間

同考試官知縣沈　批　曲折生姿有一波未平一波又起之致

考試官左給事中薛　批　奇峯迭出

考試官編修倪　批　古逸

善言可以貽後惟其協與情也夫言而有順於臣民者即可取法於後人者也孰謂言也而有不難者哉抑之戒者曰凡君人之出話言也吾一言爲子孫倡耳何愛朋友又何愛庶民小子夫人情不甚相遠也安有一世胥忭而奕世可垂訓者乎是故易言者必曰言不於其旦夕也於其久安長治者而知其難然吾必曰言不於我一人也於其上下咸悅者而見其惠何也君者無貴如其言國者無重如其令故主盡相守

臣從民役有相惠而莫予違耳上之言卽不忘下孰敢爲吁咈之乎然吾之言旣咈其耆長而弃其遺黎矣吾子孫又何繇豪業而安乎乃我敷求先王而載在明刑者朋友之相戒也曰言遜者求諸道言遜者求諸非道其於庶民小子也曰罔違道以干譽罔拂以從欲則其所以致言於臣民者大可知矣夫本訏謨以爲定命者旣爲謹始稽終之論精神自足包乎後世而子孫者若其賢知也可以神明吾意卽其中庸以

下之主也亦可以體吾言而與大小臣工相質
而劑者矣夫合遠猶以爲辰告者既爲可述而
知之語道自足及乎久遠而子孫者復有以大
其類而盡其氣則衍祉於無方即其守成而不
變也亦能順情性而發於衆心之所聚矣至於
繩繩而量及後世固勝於未及世者矣量及再
世又勝於僅及世者矣而后乃知都俞從欲我
之臣民已曬而處於我之毛裏也而臣民欲酬
我即必酬之於我之子孫國訓民謨我之精神

已散而寄於我之朝野也而子孫欲繩我卽亦不得不惠於我之臣民無言不酬豈欺也哉總之君子溺於言大人溺於民皆在其所褻也寡言而成以行其信則民亦不得大其美而小其惡是以先王愼之

春秋

秋九月齊侯宋公江人黃人盟于貫 僖公

二年

秋齊侯宋公江人黃人會于陽

穀 僖公三年

春王正月公會齊侯宋

公陳侯衛侯鄭伯許男曹伯侵蔡蔡潰

遂伐楚次于陘　僖公四年

趙希秀

同考試官知縣胡　批　無有關係一不獨議論之高

考試官左給事中薛　批　斷制老蒼

考試官編修倪　批　老筆

迭因變以先伯主嘉其所主也此惟禮可以秩班序而非所論於桓圖伯之變也嘉其所主而

先之經之不以常膠乎一代之氣運必賴一人
主持之主之自王定序戢五服之爭主之自伯
實績尸百辟之長秉筆者不容執常以例變也
射鉤圖伯貫澤陽穀之盟會也上蔡陘亭之侵
伐也春秋胡以遞先之葢莫大乎會盟之權征
伐之柄常則詔之自王宗伯司馬自能奉王靈
以等歷侯之崇卑變則董之自伯糾連撻伐亦
自殫伯戚以肩六合之安圮況其聯之以固羽
不第類於請憾之狡謀而請憾者且以造

意蒙首誅剢圖義者獨不可以勸宣都顯秩偕
之以彰犄角者不第等於導兵之蠆毒而導兵
者且以前驅受峻罰剢賜履者不以綏靖躋榮
膴故貫之盟桓實主之以斷荊噬之右臂也陽
穀之會桓實主之以布奇正之先聲也侵蔡伐
楚之次桓實主之以淫鯨鯢之顯戮也乃聖人
歷先之者明開以王繼既委之日正不妨有殫
匡合者以戢南海之鯨吞而猶執上公之虛名
奪伯舅之顯烈則英雄之氣鬱不揚陰闢以王

事靡鹽之人乃始許以恤釐緯者得荷中原之
鼎沸而凡志藩諸姬者俱可作擅帷之領袖而
豪傑之支持益盛此或先桓之微意乎不然使
桓非主持氣運會曹伐鄭之班序仍不可紊也
胡於小白而靳之蓋深見任世之重者即升侯
而公王猶當隆班序以旌雄略又何必執公禮
侯經反膠班序以短豪舉哉下勞之役桓敢於
踞宋之上而不敢於襄王之靈假四至可終桓
眞友生嘉賓之選也惜其以副緯[illegible]

冬楚子使椒來聘 文公九年　劉孟鍧

同考試官知縣胡　批　筆性玲瓏有天機神

劃之巧

考試官左給事中薛　批　軒豁高朗

考試官編修倪　批　爽塏

以慕義進變夷見聖人之慎也夫楚非純夷而
矧其慕義而來也猶將重絕之耶荊楚淫名南
服不顧君臣之義見絕於春秋久矣乃肯東帑

潔帛而椒寔儼臨禽父之庭焉其有向慕中國之心乎聖人何遂忘其爲夷狄而特進之將法亦有時可貸耶蓋春秋有絕人之法而聖人終不忍有絕人之心法則何貸何借見有自淪於幽谷者則詠之其痛絕不翅鷹鸇之逐心則何夏何夷見有翻然於遷喬者則進之其嘉與不翅梟味之投而況楚何如者也彼其先世原非素竄於夷見王靈不振於是妄自尊大而不類觀荊尸日熾於是流僻僭上而無悔人但知楚

爲夷而不知楚乃變夷者也但知夷狄之可絶而不知夏而變夷之重可絶也聖人方將操王章以議其後曰楚而忘乃楚祝融之戴王室乎而弃之也長此其安窮也更忘周天子之封楚以藩屏周乎而僭之也悔過庶有瘳也而孰意向之昧祖父之勤者今且易其僭擬之轍也則楚非昔日之楚可知也向之悖君臣之義者今且突有北轅之思也則楚非終絶之楚明甚也夫楚非昔日之楚而我猶以昔日繩之曰是甞

僭擬而不我念則是僭擬固可絕而向慕亦可
絕也楚何憚不僭擬而向慕也楚非終絕之楚
而我以重絕施之曰是嘗羅刑而不可進則是
刑戮施於夷狄而華袞不及於中國也楚何不
樂夷狄而中國也要以聖人之心何忍絕楚楚
甘自絕不得骫法以及於忠恕何日不望楚楚
甘自進不得違心以致其峻刑故一見其來玉
帛繽紛恍與函夏同其氣象筆墨淋漓樂與變
爽爽其故絃豈肯輕絕人以自新之路哉嗟嗟

刑賞忠厚之至也能以聖人之心爲心而後可以論春秋之法

禮記

庶民安故財用足

庸榮

同考試官知縣余　批　一種凜凜之氣直可叱咤風雲

考試官左給事中薛　批　經濟名言

考試官編修倪　批　宏傑

窺足民之故其肇於一本者深矣夫民者財用所自出安故足也則親親之道愈施而不匱乎今人王每視民與親爲二於是或竭民以奉親而四境之啼嘻莫聞或捐親以殉民而本支之精氣莫洽此皆未得親親之道也夫眞能親親者則治民而兼以理財何也凡廣錫類之恩非獨同類受其涵濡即山川草木莫不厪覆育之衷以共遂於生成凡醲豫順之休者非獨赤子動吾惻怛即纖計未務莫不極經理之淵以共

式於規制乃令庶民安矣而財用有不足乎蓋
作息未恬則耕桑不足給所求即紅朽皆漏扈
之需榮枯既均則損益皆進而就其節即荒祲
極日舉之盛天地之氣無日不與萬物相盪貴
有以迎其氣而道之生合庶民而火耕水耨則
鹽醬雞菽之微皆有以盜陰陽之氣而相成豈
特司農無御屋之嗟哉即百室婦子共飽作訛
成易之餘而寤寐愈無所驚矣作長之數無日
不與萬物相靡貴有以裁其數而使之止命庶

民而男匠女師則食節事時之候又有以贊天
地之繼而弗竭豈特匪頒無旹匱之憂哉即閭
閻倉廂共慶鼓動暄潤之澤而咄嗟愈無自作
矣蓋偏安之治民幸且夕無虞而捐瘠愈多大
至仁所爐若家人父子安乎命彼竭胼胝而勸
胥且亦若命之不容已山海異藏且受其生而
獻其形而刀布圭幣罔難獲小民終事之報苟
安之術民幸食息乍奠而耗敗愈滋夫至義浙
流若手足骨肉安于性彼罄德產而資俯仰一

於性之所自甘百工雜技且泄其盈而神其虛
而旅幣無方何難受遠邇共球之實不然舍民
而議財即撥括日下而肥瘠偏受難語殷陳之
積儻舍親而議安即驩虞日布而豈弟無根難
語不匱之施故聽天下者必自入道始夫瓊林
大盈財非不足而必爲盜資其故可知否則斬
華因河以爲尚求安而危至矣
勁已而天下應焉

傅承慶

同考試官知縣佘　批　識鑒犀利義精言快

異彩發史自飄飄

考試官給事中薛　批　神理燦然

考試官編修倪　批　俊逸

有隨動而應者其得之直者深也蓋雖有先巳
而動者而動乃不汨天地之應豈偶然哉是以
君子貴其直也師乙意曰微哉歌之妙乎人以
為聲籟之迹耳而不知君子於其聞得持巳法
為巳涵一真以常寂而常寂者即以常流巳合

造化以互藏而互顯　互顯此其妙可斗
動時諠之而不自動始也夫有迫之後起者而
巳發亦未發之初而　不動巳也夫有互
相蘊發者而時動祇肖時靜之脈則歌之得力
於一直固不淺耳其顯與天地同和者既有以
莞其合同之妙而油然動於不知者自有以神
其呼吸之通此一巳也向非錮而今始靈也退
藏之密業巳復見天地之心則動也者機之緐
翕而張也張乎巳所不容巳則謂巳實載一天

地以流也可而孰是長養收藏不於此中互答
也此一已也今非通而昨非關也含葆之微守
乎得一之房則動也者性之從本而樂也樂乎
已之所繇生則謂天地卽偕已以現也可而孰
是上降下躋不於此際形見也吾不謂响寂聲
沉之餘天地遂歸於銷滅而第覺一身之密懾
消卽合兩間之密懾以俱消而天地若虛其位
置以待夫人之摶挽併不謂窮高極遠之候功
用僅寄於詩歌而第覺吾身之生氣和卽舉天

地之生氣與俱和而一歌若遂偕天地而忽神
其感召於此披宣於此徵券覺天地無權而歌
有權然詩歌非跡天地亦非神則歌原不靈而
已獨靈有不從直養中來哉知乎此者亦可以
語天人之故矣金縢緘而風雷作一言善而熒
惑退與天地應者獨一歌乎哉先天而不違後
天而奉天時君子不可不三復斯語矣

第貳場

論

聖人博聞多見蓄道以待物

黎元寬

同考試官知縣劉　批　吐史吞經淩崔嗤蔡

必宿名之士

同考試官知縣吳　批　亦玄亦逸騃騃乎小

荀大蘇之間

同考試官知縣高　批　塲中博興宏通殊多

征者獨此作呼嘘吐納直逼先賢古文絶構

同考試官知縣沈　批　文有靈氣杰攢西所

謂恍惚而來

同考試官推官薛　批　其罰在腹而筆味偶

靈可免陸厨之誚

考試官左給事中薛　批　轉雅豪奇真爲瑰寶

考試官編修倪　批　古典

論曰聖人之學所以足用於世者必自其有本而然矣而天下之爲本論者往往置物而言道則此有說也物者外至者也而道者性有之故不假外以權而足乎吾所自有之分凡爲術之

親切莫過於此焉況又以吾所自有之分而兼之於外從於其曠大永長昔而舉於其近小凡爲術之該徧者亦莫過於此焉夫之二說者非不可以明道之勝物而著聖人之學之有本矣而直未及乎道之所以爲本者也夫道之所以爲本者復存乎物而聖人之所以求道之本者又復存乎接物之間見故吾有以取之而後有以與之得諸彼而爲用而我無費焉而聖人之學乃始眞足用於世也已管子曰聖人博聞多

見蓄道以待物物亦何其爲說之詳且明而爲術之相須而互至也哉蓋聖人之學固不爲逐物也而爲求道也而求道者又非以欲用物之故而求之也使聖人且逐物而不求道或以欲用物之故而求道則聖人無所自爲功矣而使聖人之道止於自求而不足待天下之物則聖人又無所爲功於天下矣故夫道也者非物也而物所大共之名也立一大共之物於此而羣物且須之以爲別於彼此必有當於其用者也而

且何因以當於其用也哉夫萬物之情非其所有而欲爲之用則如枘鑿然取之所無而冀待其所有則又如適越而北其轅也是故聖人必審辨乎此矣以爲聞見者道之所簡賤也而直以物交物者也然寡聞則無約寡見則無卓本欲以約卓與道而先不能不以異雖與物又不能不以至多者與交物之聞見也[illegible]豈非所謂相須而互至者耶是故往昔之事詩書禮樂鄒魯之儒薦紳先生所能言者吾聞之矣其數散

於天下而設於中國者吾見之矣蓄此之道可以待經常典雅之物矣天雨粟鬼夜哭吾聞之矣山龍火藻吾見之矣蓄此之道可以待文章之物矣殞石於五吾聞之矣六鷁退飛吾見之矣蓄此之道可以待災祥之物矣天不能冬蓮冬菊地不能淮橘汶貉人不能手步足握吾皆聞見之矣蓄此之道可以待專一而不他變化而無方之物矣夫聖人之所以必貴乎聞見者非以所聞見之皆物也而道先寓焉耳又非以

聞見之及於一物者即止於一物也而萬物之道具存焉耳故物者後至乎道而道可謂物本道者先寄於物而物又可謂道本則此猶環流也山高之言曰羿之術非射也造父之巧非御也是格物之極論也巳推而前之亦可曰紀省之養雞非雞也市南之弄丸非丸也引而後之亦可曰釣敎騎而騎敎御非直爲敎之者也彈生於弓而弓生於弩非眞有生之者也萬物旣巳自然而聖人無所爲功將無是聞見奇復太

多事也乎亦曰有聖人則可以博可以多可以
有蓄而有待而非聖人皆不可也故欲以大所
小以長歷近爲該徧之術而非聖人則已蕩以
外奉內爲親切之術而非聖人則已拘何者彼
直不知道物之相爲本而博與一之同功者也
詩曰淑人君子其儀一兮其儀一兮心如結兮
此言結於一也夫三千三百豈不誠繁而君子
正以爲結一斯可謂之能博能多能蓄而待者
矣是以喩道於江河喩物於濟瀆或小流大或

大流小水體不分而適兩相足或源或委㕛互相爲也先王之祭川也一先一後吾又烏知其所從分者乎

表

擬

上命儒臣纂修五經四書性理大全書成學士胡廣等恭呈

御覽進表永樂十三年

萬敬中

同考試官知縣王　批　真玉藏金一片采霞横飛筆底

同考試官知縣王　批　典則經辭兼宋唐之致

同考試官知縣梁　批　極華以確而出之自然四六絶頂

同考試官知縣沈　批　聚九經以為庫耿七襄而成文

考試官左給事中薛　批　心上雕龍文中舞鳳

考試官編修倪　批　風藻

永樂十三年某月日學士臣胡廣等伏承

皇上

命儒臣纂修五經四書性理大全書成臣廣等

恭呈

御覽謹奉

表上

進者

伏以

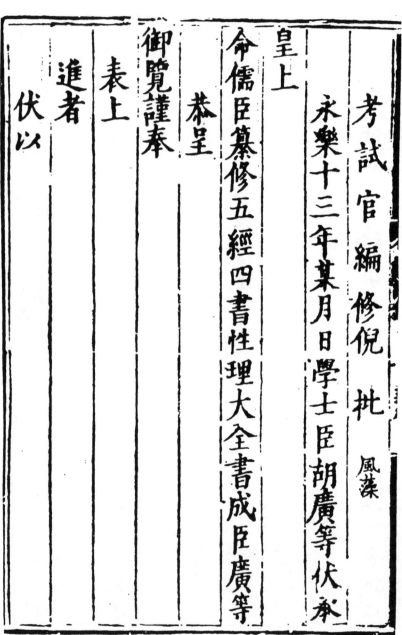

圖書際
聖作之期式隆稽古
奎壁鬱星躔之會懋啓弘經文質班班萬物粲
然有覺作述邈邈千秋朗矣重輝捧函
光滿寰區載筆
用垂奕世臣廣等誠惶誠恐稽首頓首上言
竊惟羲一畫以開天範五疇而錫極關雎
麟趾意重周官紀事編年義存王迹迨禮
六樂範天地而不過半部七篇鬱治平於

有待天命之性慎獨以致中和明德維新
修身而止至善大道皇矣歷代延其亢名
理淵然宋儒深其奧蓋自秦焚漢弃存璧
之遺跡誰傳更經晉廢唐紛諸家之蕪思
莫正易流卜筮詩綴淫詞刑書雜纂於史
乘大學乖存於樂記惟緒延於關閩濂維
乃旨煥於周程朱張抽理則月窟天根若
面命一堂而接其脈詮事則星迴雲漢如
手提千古而定其衡道術中天心源亙古

然而聖賢之運亦維盛衰而不能違自是帝王
之心術貫古今而無其極雖胡元之氣熾而
中國詩書之教斷不入夷追
國運之昌明而
聖祖闡發之思留以待後茲盖伏遇
皇帝陛下
聰明懸日
覆幬儀天
龍翰而貞粟其鱗真承古訓

鳳翥而文明其象肇開昌期貫三才而建中

謂之

王上其純心使天心與人心各正分一中而身

其繼爲之

子惕茲景運欲世運併文運俱開作易者其有憂

患乎深觀剝復損益之旨陳詩者思無邪

也細研貞淫懲勸之關五事之休咎如璣

建其有極一統之正中謹始首出惟王樂

反自生益寒純疵於元韻禮運復始更嚴

反自生益審純疵於元韻禮還履始更嚴
得失於精微物已天人祖孫一家之脈道
德仁義鄒魯兩國之傳性理萬世之功大
全于岐之總童而習壯而修畢世莫窮其
蘊聖則欽明則述曠古不出其宗況當求
德肆夏之時可無興庶反經之舉遂開史
局特
命較讎纂帙成書爛矣霏葩璀璨訂訛得序煒
乎神瀋皇離敬呈

乙夜之觀白雲舞出用發
酉藏之秘赤鵲銜來蓋神聖數千載之精神
至今始披雲霧而
天子精一中之睿慮契合如垂日星者也伏念
臣廣等學不通經才非博洽
謂其平生所誦習猥蒙
赤陛論思更當
今日之弘開特許
黃扉侍從自識聖凡之隔莫贊一詞休承

上下之風粗成什襲是恐恐乎如捧如執期兢兢焉亦步亦趨伏願

身而更心

終而如始

聖自有聖藏心而美厥靈根

明且益明得意而運符乾健霜雪雷霆皆至教

歲兼

卿月成功星辰日月總天章時保

皇圖朗耀臣廣等無任瞻

天仰
聖澂切屏營之至謹奉
表上
進以
聞
第叄場
策五道
第一問
羅萬藻

同考試官知縣劉　批　條對淵源不勦膚說
而法脉更自遒古
同考試官知縣吳　批　會通禮意歸本
明新卓然經術命世之士
同考試官知縣高　批　禮書五行志太玄經
隨意驅策
同考試官知縣沈　批　以五行之義發明禮
運雖高堂廣川復起亦何以加
同考試官推官薛　批　玄文秘笈不意得之

經生

考試官左給事中薛　批　氣識高古

考試官編修倪　批　能疏問意

禮之治世也使天下知其所可知而其不可知者使繇焉則天下固已治矣記曰禮本於太乙散於天地列於陰陽夫天地陰陽此唐虞三代所以恭已成俗之大端也是故曰禮行於郊而百神受職焉禮行於社而百貨可極焉此禮之大始也若夫日

月星辰風雨霜露嶽鎮河海之類皆天之
貴神也若夫祖廟人之本也先聖先師治
之本也貴本而親用招賓而從文是故禮
行於數者而仁義立制度具敎化生焉後
之治天下者患不知禮耳不患禮之不可
知也使天下皆知其可知而不可知者巳
行於其中矣故曰以人情爲田則飲食有
繇也此養之說也而賈子曰禮者養人之
本蓋言之相表裏者矣又曰班朝治軍莅

官行法非禮威嚴不行此我戰則克之說也而管子曰兵不禮不勝天下亦言之相表裏者矣然則養之與威虞夏商周所以用其民率隆斯道而知禮者見之則皆謂之禮也一柔一剛謂顯與藏一弛一張謂文與武如春青夏絳相易而往如規之三周矩之三雜相復而旋蓋道無以易此也

我

祖高皇帝神聖開天

成祖文皇帝英武翌運創立人物肇起禮儀取
百王之典而合酌之二百餘年人文化成
內安外帖惟此爲賴恭遇
皇上以冲年嗣寶神明夙成
圜丘
方澤之儀
釋奠
朝日之舉次第敦稱而盡慎行之愚是以欲
因所已行而深有意乎其未行者耳

執事所謂

天子於此內必有精微之心外必有威德之致

然則威德之致未彰則精微之心亦眇禮於時爲夏於行爲火此昭融顯暴忠蠲其事之象也火大其養盡心以授之士而不與土分功名明其威隔體以致之金而不與金同囚殺此忠臣孝子之志仁君慈父之道也愚生之意欲使天下盡繇於所可

知則願

皇上之法火爲道而已夫火之爲義莫著於太
玄故曰藏心於淵美厥靈根
皇上而有事於守藏則於火之畜燧乎取之而
不可曰去此虞淵止彼枯園也故曰錯著
焞龜出泥入脂
皇上而有事於淪世則於火之著薪乎取之而
不可曰瞢腹睒天不睹其畛也故曰白骨
生肉孚德不復
皇上而有事於養人則於火之交鼎乎取之而

不可曰交於鳥鼠費其資黍也故曰祭刃

蛾蛾匠人之貞

皇上而有事於勝天下則於火之制金乎取之

而不可曰赤臭播關大君不開也具此四

者而

皇上之禮治乃燦然大明於天下天下雖不之

知而固不敢以爲粉澤晏子曰禮所以御

民轡所以御馬趙鞅問揖讓周旋之禮於

子大叔子大叔曰儀也非禮也

聖明在御廷其中和亦豈可以

郊社

禘嘗明新治平之精義而夷之於周旋揖讓之

末矣也哉

第二問　　丘時憲

同考試官知縣劉　批　元精邃以薄顥氣林濟

上下千古如見

同考試官知縣吳　批　摹古敷陳可以不紀世

策學上乘也

同考試官知縣高　批　深潛覆竟悉諳者有

根據

同考試官知縣沈　批　不以入格求鑿空是從

學古中來者

同考試官推官薛　批　闡發任談鑿鑿名

言經濟不也

考試官左給事中薛　批　條對明悉

考試官編修倪　批　鑿然之議

且夫事之成也有勢其辨之也有氣乘其勢而襲其氣故始不足見而終不可及唐虞熙亮之休千古其選也任讓之局古人合領之令人分據之蓋任者任人之所共讓而讓者非讓人之所不能任也總之不拘拘形迹間惟求以善天下之事如化宮之水不波而斟之不竭昆吾之劍不舒光而斮之不劇則蔑以成任之妙也今人之任讓則不然譬之搏虎者其一人穿衣奔

陟荒丘一聞咆哮之聲則五官無主也若死灰恇惶震讋冀必有人焉婦其前而相與卞莊其後此可謂之能讓否其一人不高其垣墉弗深其陷阱以俟虎之至而徒手捌格虎未斃而人已傷此可謂之能任否然則任讓非課以名實何以辨之故昔卿諸人之讓非空疎而無當充國諸人之任無攘臂之可嫌若蓋有其道焉盍以爲先定之於品品非聖賢豪傑則當讓賢功名

之途側肩而奔之非道而起叩而應者矣此房琯殷浩之流盜處士之虛聲艷英雄之偉業究之任讓兩無所據則又有巧爲讓者不難以旣壞之局而追求始事未了之公案遺之後人則又有巧爲任者他人譁有成効則鷙攫以居其功事勢將有可圖則狙伺以邀其便品愈卑而事愈壞天下有不可言矣則當其慷慨任事之時試爲之說曰風波轉眼底定何期則有以逃

而退耳其爲左執太行之獶而右極北虎者誰當其推讓不前試詭之曰一往勳名徒手可得則有攘袂而起耳其爲朝枕穎水之流而夕漱箕山之石者誰以故不成之遠志難慊影衾既出之小草有慙龔望幾何不爲千古嗤笑哉然非盡任者之過也任者白衣蒼狗事幻古端費百揣摩尚猶不足以盡變及夏以議論持之灰其心以詘其謀墮其膽而摧其銳天下事究歸

於潰壞決裂而無所底於成則無如一洗
膏肓之痾以作縮朒之氣是在於主議論
以息羣囂者

第三問

萬敷中

同考試官知縣王　批　痛哭流涕之談可與
賈長沙爭席

同考試官知縣王　批　文氣渾古無纖阿之
態

同考試官知　批　條五劇 [illegible]

眉

同考試官知縣沈　批　其言憫而情深士之留心世務者

考試官左給事中薛　批　洞發剴切

考試官編修倪　批　覼縷有條

亟蚤之勢不可挽事尚未然而已造其必然則

執事所云五劇是豈垂成之勢不可爲事至

必然而不得不任其然則
執事所云五中是也顧劇則人方溺而不出
易則人又微而莫窺而早知之士則已知
其終必至於是而又無能爲之於始使不
至於是則眞難耳夫民吾民也使循環而
病吾民吾必不忍爲也國吾國也使究竟
而虧吾國吾必不肯爲也乃
今日則有假於權宜而弊者有狃於成法而
甚者有積於習慣而怙者吏享之[illegible]於

我受其十百耳受其十百所贖償[illegible]曹
何也既取之而不予之是悖也既予之矣
又令其無下取是黑之懸而白之摹也彼
亦明規後之取償者可轉盼至且千萬焉
夫以民奉其上其分然矣是民陰負之於人
軍也行商之苦起於我增其一二耳增其
一二而卒還以倍仍何也既奪之而不聽
之是絕也既聽之矣又禁其不加償是曲
之樹而直之影也彼亦明意後之券還之[illegible]

可任意起且倍仂焉夫民之必資於貨其勢然矣是民共爲之齎息也運饋之艱其情亦實有難爲者此以成數授彼以成數收而糜費於道里之久遠陪累於兌收之留難又不少彼亦知困疲之極不能不議解於民民亦恐其終之及也雖額外別所甘心是民顯爲之捐瘠也守令之艱其勢亦實有難處者此以成額報彼以成額斛而展轉於貧苦之難充牽連於餽旹

督又不少彼亦知催科之苦斷不肯之民民亦虞轉籲之難也雖貸益亦無可奈是民公爲之溢輸也內卒之驕平居無事養成之矣素不知綱紀爲何事有急則奮而呼更急則挺而走耳彼亦知遼之不已不得不調發發而不應而又召募又令補而餉又委舊而益新是民又轉而受詘也夫究竟虧吾國也循環病吾民也迨其中而已不可爲即知其中而亦不及爲何

也氊之叢聚者其據也滋溺毒之膾腊者
其殺也滋速我即今日禁緝之諭止之而
前之日已不可詰後之日益不可料而又
況其不能夫盜據吾藏而不易去何如勿
開門而延也福止於外而不得入何如勿
閉戶而逃也
當事者請思昔何以清今何以濁昔何以饒
今何以乏昔何以馴今何以悍何有事則
喧紛何無事不少定則端本々原自　之

筭非愚生所[illegible]

第四問

涂世名

同考試官推官薛　批　精核典古什佛孫吳

筭[illegible]遠才也

同考試官知縣沈　批　古雅典確是

抒匡世之略者

同考試官知縣高　批　識議超卓如太華恒

嶽萬参皆出其下

同考試官知縣[illegible]　批　條陳邊務炯若列眉

而辭藻之華其剩枝耳

同考試官知縣劉　批　洞發所見絕無捉風

捕影之言

考試官左給事中薛　批　綢繆至計

考試官編修倪　批　滿腹良籌

國家之膺貪患也始以付託非人綱紀不肅

卒不知戰將不知兵斥堠不聞烽燧不謹

以數十年承平當彼十年訓[illegible][illegible]以　[illegible]

幾盡而不可振自後人心咗　風宕
形軀成行神氣去而萬里乃事隨衙往便
復陶陶間淡置不復省又以着着疏弛當
彼着着精密是以冊刱又幾盡而愈不可
振追今多年於茲矣其不得祇爲無兵以
久矣亦當形幾慴神幾竦而氣幾奮矣以
昔無兵而遣調而召募今亦應盈伍矣向
昔無餉而發帑而加派今亦應充羨矣向
昔有兵而無兵而今六花八陣之練亦應

畫不亂色　矢向苦有餉而無餉
而今資予器械之需亦應甲不圂耕乙不
圖織矣顧試按籍比伍而稽之果有智足
明謀之沈審氣察聲占候立中者乎果有
進能戰退能守觸石冒矢折衝無前者乎
夫人亦猶人也而獸焉一个負矢百手皆
奔昨春今夏亦已兩挫其鋒此不可明驗
歟一勝者帝再勝者王三勝者霸四勝者
敗五勝者亡徼四勝五勝之年亦有矣

以謂者歳
自第五問
此鬪者言
皆因叔以
廣之編按
一分未志

二戰之會也晏子曰三驚焉
一軍三軍當一戰與人同時而鬪必六爻
刀接而後勝者此戰之自勝者也守城而
攻其主人易子而食析骸而爨而後拔者
此攻之自拔者也我誠一器成二器
器成何懼其來若猶是擔石弓而款陷六
豆不掩而腹不堅則將徒兵與伐同實也
我誠驚夫具游夫具往夫具何慮其出沒
猶是衣戰而朔之敗接刃而面相窺則

遊錄序

男子生之而弧寘於户示有志於四方蓋縱而翔之以壯以及乎總丱然堂則舞勺舞象佩韘佩觿矣迨生學工未於以秀仕

於

國以此禮此示凡黃耇爲銘旨

者而鳩杖麾鄉之意雅焉

其毋乃稱而銘之時而

及以稱之乎是美屑

道焉于以物稱而可以不

譬也故愛之以頭足其愛腳
以壯器械足以豐衣足
既以世攖三手之足無為
萬物之首矣
天之所覆地之所載鬼神之所福
在國物務為世之主也是

以長升燈僊之句里金匐室
方足擅三品之妙草攻一經
之墨海俯鳳樓稱月窟落
縣而登塘灩源銜枝而雞
馬蹄郎商豐示洛金
輕花稱聊草憶頭慈菊風

掖矣時方酬接之之六聯勢但
甚如此豪ゝ於少長一日之留
必為之乞序講以緣帳而
因以之即不此匹僅云伊好
之修爾證之講即竊遊
毋遺家府戴筆之天下

郎嬀明毋後愈也歟鼓之
救遂教崇上云以戎教濟
乎
帝王戎教民以倫三綱而斎與
之積修領穀敦崇足以使
以為莫敢悖之以應當之氣

且其跪經而求降趾其書

人也銘是之曰一命而僂

再命而傴三命而俯循墻

而走亦莫予敢侮者也

晉隸唐書之氣執是傳

揖遜之風如書家致法先

世趙袁張優學与左光書之
王其巽楊巽毅草職
以一身繫天下之衡驛業
於家中寧也繼位也窮
以張遷以救其位也爾在鑒
士子成而風學擅蘭龍

以韓退之於經氏之文章
何有漢馬但才高之筆
然以學為其源之馳於
知切要之累黑釋之為然
盈也夜也深求根秋之深
且歷獨識也語未權

也吾輩莫不受其顧勸
之約則勞民無謂乎得也
而鮮能讀之以收雖宗旨
為精美此士一上為之恭
人切於鄉觀於
翻世揭示精義謂爾神知

子如秘殼無邊已勿以蹔
鼓嗟乎雲霧難為詞
詠之於萬里羈縻睎往騎
之見寄勿以千里羈懷矣
風雲何似長颻之筆情
飛鸞繼顏頭之仍快火

柩中劉呈以六字業爲志

與墨之之亡宜風彰遠來似

手之謂志等色凶當之

謂墨須大佩九疑報服習

以經八角廣經之後世爾

諸長遯無氣在於然究竟

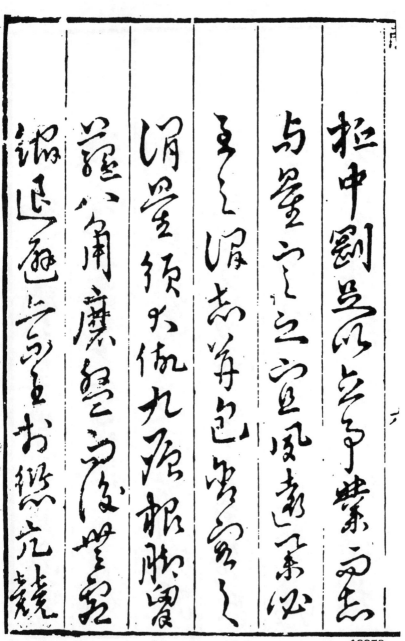

陵田赭白者哉豈直九天沆瀣

盛代一諺循豈盛侯喉舌

之司哉膺股肱之輔翊

犀山錄示鐵鑑鐫白虎

之語示遠垠行是乃饒德

也山牌守隹鄉轡澤媚師

珠仍龍丹壽鄉民功為
郡又豈西張經亦矣至為
讓也先儒有云聖人之道
自卑而道自高明矣人
亦為己豈亦高能高川
傲物至于取賤道以狗惡

極也。言無剛性。消同則燥
而濃醇，猶濃淡和之氣
焉。鹽梅醯桂以和羹也。
笙鏞琴瑟以和聲也。味和
者無味，聲和一音和者無音
濟於時。詩曰：亦有和羹

究哉究乎天回帝釋像、
百錯寶篇之乎和如之讓
以屬指和如能已句為
讓一讓以物輕以蓋
世寶已婦基之矣然、既六之
意、欲不優雅以此物此

嘉紹萬五二郎以爲

序

崇禎己卯孟冬之吉

賜進士出身承德郎巡撫

山西監察御史灌江李

豫信和氏著

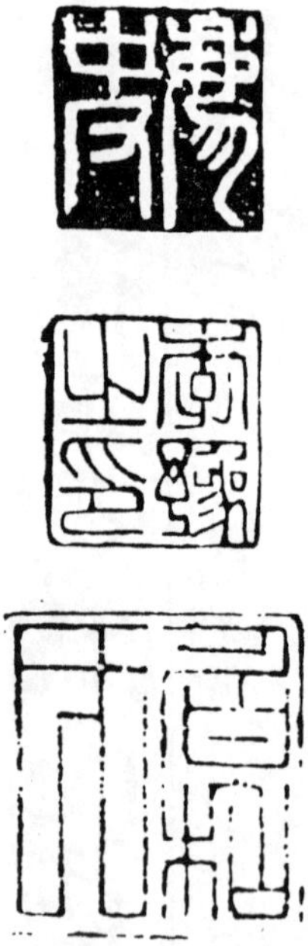

崇禎十二年己卯鄉試

主考

光祿寺少卿姚 名鈿字生金廣東東莞人 己未進士

戶部浙江清吏司主事王 名追駿字御之湖廣黃岡人 丁丑進士

房考

易一房

潞安府推官傅 名景星字大磐河南祥符人 丁丑進士

門生陳王紀　上官鑑　王克生　桑芸

王憲中

易二房

平陽府蒲州知州潘 名同春字[illegible]浙江餘姚人 丁丑進士

門生曹偉 蔚 洎 張毓中 詹正春 王德明

易三房

平陽府解州知州張 名抗漢字素僮河南雒陽縣人 丁丑進士

門生劉啓芳 侯 晉 癸甲第 王澤溥 張 光

易四房

澤州知州張 名天維字中甫福建汀清縣人 丁丑進士

門生翟鳳翥 程于藩 王懋官 田厥茂

詩一房

太原府推官郭 名九圍字瑗式陝西隴西縣人 丁丑進士

門生王度 趙 照 和鳴喈 胡來貢 朱[illegible]

鄜化徵

詩二房

平陽府推官喜 [illegible]

門生陳煐 郝芳聲 楊永寧 王天倪 樊王室

詩三房

平陽府臨汾縣知縣張 [illegible]

門生郭可圻 張昌燮 宋應璧 荊世爵 程衍洙

詩四房

太原府陽曲縣知縣范 名士[illegible] 貢生直隸定興縣 丁丑進士

門生楊宗岱 七[illegible]姓 李[illegible]元 張啓[illegible]

詩五房

潞安府長治縣知縣顏 名[illegible]號[illegible]宇[illegible] 山東沂州人 丁丑進士

門生荊州任 霍 焜 周遷鏞 鄭 恂

晉一房

平陽府絳州知州賈 名良年字[illegible]人 丁丑進士

門生李起龍 郝肖仁 鄭 琬 喬震審 劉三王敬

晉雲龍

書二房

太原府榆次縣知縣張 名允忠字[illegible]縣人 丁丑進士

門生王用予 張夢麟 朱永康 孔斯和 呂奇齡

書三房

平陽府襄陵縣知縣蕭 名[illegible]字[illegible]河南[illegible]城縣人 甲戌進士

門生李秀龍 薛 桂 孫士學 王文耀 趙弓嬪

春秋房

太原府太原縣知縣孟 名良儀字承明浙江衢州府籍山西平陽衛人辛酉舉人

門生溫旋光 崔志乾 馬淑援 李宗馥 韓爲樞

王錫隆

禮記房

平陽府曲沃縣知縣王 名九牧字宇九陝西醴泉縣人丁丑進士

門生魏名大 袁鏘珂 武攀龍 姬顯庭 王廷伊

靳士傑

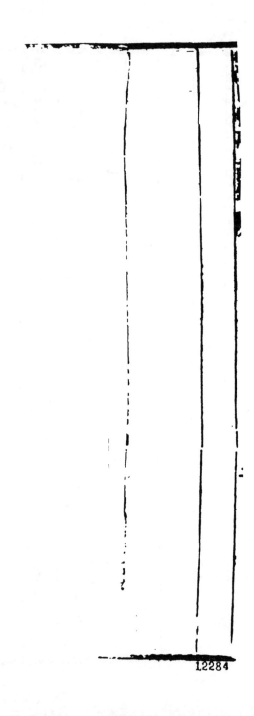

中式總目錄

太原府十人

郝芳聲 忻州　王□耀　俱府學

桑芸 榆次　武樂龍 交城　王□□ 太原

孫士亨 壽陽　劉玉敬　呂奇齡 俱平定

趙曰瓚 樂平　郝尚仁 忻州

平陽府三十四人

上官鑑　王德明 俱襄陵　王錫隆

俱府學　王澤溥 洪洞　郭可圻

韓爲樞 俱曲沃　袁繼研　和□階 俱翼城

李秀龍　崔志乾　張□麟

薛　柱　樊中第　田厥成[illegible]
樊王室臨晉　陳王紀　荆世爵
喬震蕃俱猗氏　王用予河津　馬溯援俱[illegible]
楊宗岱　弋　珽　宋東壁
周從鎬　祁化徵俱安邑　鄭　琬
賈雲龍俱夏縣　翟鳳翥　楊永寧俱[illegible]
王懋官絳州　鄭　恂稷山　李起龍
朱永康　王天倪俱運司
潞安府四人
荆州任長治訓導　程于藩長治　李　元
靳士傑俱黎城

汾州府八人

曹　偉　侯　晉俱汾陽　俱府學

詹正春　張昌慶俱汾陽　霍　桃未詳

温誰光　王廷伊俱介休　劉啓芳永寧

大同府一人

蔚　泊朔州

澤州十一人

孔斯和寧山衛　張肇显　俱州學

陳　焜　姬顯庭　李榮馥[illegible]

王克生　張毓中　朱廷將[illegible]

王　度　趙　昭　張　光[illegible]

沁州三人

胡來貢 千戶所 州學 魏名大

程衍深 保武鄉

荆州任

字□簸 號畀愚 庚子 相九月二十七日生
潞安府長治儒訓導 平陽府蒲州猗氏縣進籍 治詩

曾祖寰 耆賓

祖現 教授 封叅政
崇祀名宦鄉賢

兄 州俊 萬曆己卯第三名 登癸未科
進士 官刑部侍郎 崇祀名宦鄉賢 州傑 儒官 州儒

父來貢 誥封叅政

州佐 州儀 州俠 俱生員

前母張 氏 贈太淑人
母 孔

娶張氏 繼張氏 杜氏 趙氏

永感下

子懋脩 生員 懋爵 懋祉 懋賞

叔來王 儒官
庭 訓導

侄華國 通政司經歷 獻璋 府經歷 懷玉 叅將 奮武 舉人

鄉試第十三名

光國 知州 元柱 國樞 毓琳 俱生員

會試

孫爾楫 爾桂 爾梗 爾楠

廷試

程衍洙 字中瀾號雪齋癸卯相十月二十二日生行二

武鄉縣學生民籍治詩經

曾祖僎 贈戶部右侍郎

祖嗣功 戶部右侍郎諭祭丁未進士

父道彥 生員

母洪氏 繼方氏

嚴侍下

伯啓南 工部左侍郎加二品服俸萬曆辛丑進士

鄉試第七十一名

會試

廷試

兄嘉績 刑部員外 偉績 監生 家軫

弟蘭績 增生 阜績 廼績 俱庠生 胞弟奏績

娶汪氏 繼方氏 李氏

子巽吉 翰吉 肅吉

宋東璧

字拱元號白菴癸卯相十月二十五日

曾祖選 誥封奉直大夫

祖廷爵 係明經歷河南解州學諭 兄

父廷標 河東運同 郡庠生員 弟

母王氏

慈侍下

娶李氏 繼張氏 湖廣道監察御史張集孫女

子良成 善成 功成 藻成 基成

鄉試第三十八名

會試

廷試

李秀龍 字雲來號懷近癸卯相十二月二十七日生行二

蒲州學生民籍治書經

曾祖朴 典膳

祖時雍 誥封承務郎

兄秀實

父瑁

弟[illegible]

母韓氏

娶王氏

永感下

子文壽 章斗庠生 光斗 耆斗俱業儒

鄉試第四名

會試

廷試

周遷鎬 字定夫號那居甲辰□相八月初四日生

安邑縣附生治詩經

曾祖道南 運泮廩膳生員

祖謨訓　兄遷豐 縣庠生員　兄□卿 儒官

父謐 儒官　弟

母胡氏　娶張氏

慈侍下　子世澤　世勳　世慶　世業　世奇

鄉試第四十二名

會試

廷試

詹正春 字震甫號青陽甲辰年九月初十日生行二
慶成府籍汾陽縣拔貢治易經

曾祖永祿

祖天賜 壽官　兄元春 庠生

父仁 壽官　弟世元 庠生

母蔡氏繼劉氏　娶聶氏

永感下　子琮業儒 璨 琛 瑛

拔貢第二十八名

鄉試第四十七名

會試

廷試

陳烶 字照茲號壺嵐乙巳年六月二十四日生行一

高平縣學生治詩經

曾祖進 耆官

祖璐 庠生　兄

父惇 鄉耆　弟燦 烶 俱庠生 煥 業儒

母李氏繼母楊氏　娶張氏 繼李氏

俱慶下　子均撲 均詩 均掄

侄均宜 均儕 均衛

鄉試第七名

會試

廷試

姬顯庭 字振先號相周乙巳相十月十七日生行一

澤州高平縣拔貢生民籍治禮記

曾祖自學 鄉耆

祖佩金 西安府知事 晉封儒林郎　兄夢熊 醫官

父國瑞 儒官　弟承緒 儒士

母郭氏 王氏　娶趙氏 趙氏 張氏

永感下　子鼎峻 鼎燕

同居叔國瑞　侄延祚 濬儒 朋舉 復儒 君聘

鄉試第五十名　肇詵 開詵 新邦 維祺 庠生

會試

廷試

程千藩 字[illegible]賓號翰明乙巳相十二月初四日生行一

潞安府長治縣學生民籍治易

曾祖楠 [illegible]生

祖瑶 [illegible]

父宗道 [illegible]

弟千宣 候官

前母袁氏 母門氏 娶焦氏 繼李氏

嚴侍下 子光祚

伯父宗伊 [illegible] 官至山西副使

鄉試第十六名

會試

廷試

韓爲樞字拱之號襟雒丁未相四月十九日生行一

平陽府曲沃縣民籍廪生治春秋

曾祖子才

祖師愈禮部儒士

父希顏庠生

母劉氏

具慶下

鄉試第五十八名

會試

廷試

弟維樞廪生

娶衛氏　王氏

子煌　煇　爍

侄煜

蔚泊 字[illegible] [illegible] 少霞丁未相五月初九日生行五

大同府朔州廩生民籍治易經

曾祖廷召 [illegible]

祖可大 指揮使

父文燧 倚下生

母傅氏

生父文炳 增生

生母張氏

永感下

兄沅 儒士 恬 生員 潛 參生 慳 生員

弟渾 涇 怡 愉 慥 俱生員

娶孟氏

子啓宗 承宗

鄉試第三十五名

會試

廷試

劉啓芳　字闢[illegible]號臨川丁未相十月二十七日生行一

汾州府永寧州學生民籍治易經

曾祖應鸞

祖幸

父進鹽　弟傳芳　齊芳　鵬芳　勝芳　晗芳　世芳　儒[illegible]

母賈氏繼母王氏郭氏　娶雷氏

慈侍下　子闢甲　昂甲　聯甲　振甲　登甲

鄉試第八名

會試

廷試

田厥茂 字盈止號心耕戊申相十二月三十日生行三

蒲州學生民籍治易經

曾祖眼

祖棡

父有年 黎城縣訓導 崇祀名宦

母荊氏 段氏 王氏 生母張氏

慈侍下

叔有番 思叔有盛

鄉試第六十六名

會試

廷試

兄之茂 曰茂 芷茂 儒官 茌茂 民事 儒官 民泰 庠生

民曍 庠生 民牧 貢士 永堅 增生

弟其茂 業儒 葵茂 庭瑋 業儒 永茂 庠生

娶王氏 贈御史 著女 繼娶景氏

子桑 升 井

侄鼎 賁 華

趙日熿 字遂耀號來暄己酉相四月十七日生行二
太原府樂平縣拔貢生軍籍治書經

曾祖文瀾 封增廣生 紹生出
伯士吉 乙酉科乙未進士 戶部郎中 士魁 學生 士彥 學生 士宗 增生

祖思明 儒官
叔士俊 庠生 士望 庠生 士驥 增生

父士選 增生
兄日煉 庠生 守朴 監生 宗祚 庠生 日燦

母喬氏
弟日燧 禮部儒士 日焜 監生 光裕 庠生 日序

嚴侍下
娶張氏 繼閆氏

督學誠 嘉靖乙丑進士 光祿寺卿
子任 化 庠生 倬 傳

鄉試第六十八名
侄佩 侯 國 庠增 惟 庠生 永堂 增生 永譽 庠生

會試
登俊 庠生 維藩 庠生

廷試

張夢麟 字兆瑞號思[illegible]公己酉相六月十八日生行二

平陽府蒲州守禦所官籍 治書

曾祖邦士 [illegible]

祖衡 [illegible]

父庭 [illegible]

母楊氏 [illegible]

[illegible] [illegible]

生母樊氏 [illegible]

仲父[illegible] [illegible]

永感下

鄉試第二十二名

[illegible]

兄應衡 [illegible] 夢鯉 [illegible]

弟夢[illegible] 夢蛟 [illegible] 夢鯨 夢熊 夢虎 夢[illegible]

娶何氏 [illegible]

子福善 源善 師善 友善

侄繼善 述善

李起龍 字御虎號翔吾己酉相十月二十九日生行四
平陽府榮河縣運司學治書
曾祖九仁 監生
祖自新 省祭
父良棟 訓導
母史氏
嚴侍下
鄉試第十四名
會試
廷試

兄起蛟 起鵬 起鱗 俱生員
弟起鴻 起鵰
娶武氏
子運昌 運亨

胡來貢 字向化號會圖己酉相十一月二十八日生行一

沁州千戶所軍籍治詩經

曾祖從肋 未仕

祖順 未仕

父守成 庠生

母孟氏

具慶下

弟來獻 庠生 來賓 來賛 來贄 庠生

娶郭氏

子欽宸 靖宸

鄉試第四十三名

會試

廷試

曹偉 字巨觀 號蒼西 己酉相十二月初三日生 行一
汾州府汾陽縣馬寨西里民籍 治易經

曾祖公奉 庠生

祖黃
兄典

父汝榮
弟裕 倬庠生 顗

母任氏
娶李氏 繼成氏

永感下
子光輔 光鼎 光揆 光典

侄光岳 光禹 光弼 光祚 光夔 光敘

鄉試第十一名
光業 光憲 光臺 光藩 光屏 光翰

會試

廷試

祁化徵

字念二 號羽仙 庚戌相三月初二日生 行二

安邑縣學生 治詩經

曾祖鵬 廩生

祖東 廩生

父元光 儒官

母郭氏

叔增光

永感下

兄文煥 儒官

弟祥徵 庠生 嘉徵

娶樊氏

子天駿 天錫 天驎 天章

鄉試第五十八名

會試

廷試

朱永康 字伯寧號履雅庚戌四月二十五日生行一

平陽府蒲州軍籍河東運司拔貢生治書經

曾祖萬代 勅贈戶部主事　叔曾祖萬邦 恩貢 陝州知州　叔祖紹 戊子舉人 鄧州知州

祖繪 嘉靖甲辰進士戶部郎中奉勅湖廣監兌　兄金湯　新運　華　鳳儀　承光 俱庠生

父祚昌 丁卯貢士聽選府通判　弟永賁 恩貢聽選京衛經歷　永錫 庠生　永圖　步雲 俱庠生

母張氏 進士知府時修公女　娶楊氏 冢宰襄毅公孫　繼娶 氏

具慶下　子嗣倬　嗣升　嗣蓋

本生曾祖萬選 勅贈戶部主事　侄嗣暉　嗣頡　嗣昂　嗣穆

鄉試第三十二名

會試

廷試

王德明 字伯雪號佩弦庚戌相五月初一日生行五
平陽府學生係翼城縣軍籍治易經

曾祖鉢
祖應厚　兄德昌
父嘉恩　弟德統
母戴氏　娶郭氏
慈侍下　子元俠　元任　元倫
叔士望府庠生　侄元卿　元勳　元遴　元定
鄉試第六十二名
會試
廷試

孫士寧

字文以號孫山庚戌相六月初一日生行一

壽陽縣學生民籍治書經

曾祖榮貴

祖講　兄士安庠學生

父登舉　弟士賓

母李氏　娶荆氏

慈侍下　子枝蕃　枝新　枝生

伯父登雲　侄枝茂　枝蔚　枝蘭　枝香　枝灼俱庠生

鄉試第三十五名

會試

廷試

楊崇岱 字實生號有懷庚戌閏九月十八日生行一

曾祖時同 庠生

祖浩

父應兆 禮部儒士

先母曾氏

生母王氏

永感下

兄

弟宗華 庠生 宗霍

娶王氏 繼張氏

子實 庠生

鄉試第九名

會試

廷試

賈雲龍 字震東號東野辛亥相正月二十八日生行一

平陽府夏縣縣學生軍籍治書經

曾祖存哲

祖守約 武生

兄

父學詩

弟秉龍 文龍 毓龍 化龍 見龍 棍龍 俱儒

母邢氏

娶段氏

具慶下

子進德 庠生 進誠 業儒

叔學禮 姪淳 增廣生

鄉試第六十七名

會試

廷試

王廷伊

字嚴介號念寅辛亥杊六月十二日生
二

汾州府介休縣學生民籍治禮記

曾祖誥 恩貢

祖化敷 廩生

父夏 醫官

母侯氏繼母任氏

具慶下

鄉試第五十七名

會試

廷試

弟廷傅 守備

娶梁氏 繼李氏

子之梅 之舟 之楫

侄之礪

張昌慶

字全茲號自順辛亥相七月初一日生行二

汾州府汾陽縣北郭廂民籍治詩經

曾祖學勑封監察御史

祖大化

父施庠生

母王氏繼母古氏

永感下

叔旙　旞

鄉試第二十三名

會試

廷試

兄積慶庠生

弟毓慶　餘慶　有慶庠生

娶劉氏

子濬　泌　涵

武攀龍 字際雲號作霖辛亥相七月三十一日生

太原府交城縣學生軍籍治禮記

曾祖釗

祖承甫

父篆 弟攀桂 攀鳳

母曹氏繼母曹氏 娶蘇氏

永感下 子之旦 之奭 之望 之畢 之生 之近

鄉試第五十七名

會試

廷試

袁鏘珂 字二懷號菊澹辛亥相十一月二十四日生行一

平陽府翼城縣拔貢生軍籍治禮記

曾祖漢相 耆賓

祖啓太 戊子科舉人

父祚顯 廩生壬子戊午副榜　弟鏘瑯 增生　鏘琬　鏘瑾　鏘瑜 俱庠生　鏘琛

母賈氏　鏘琦　鏘珩 俱庠生　鏘琳　鏘璜　鏘璁　鏘珙

永感下　娶李氏　柴氏

叔祖顯 乙卯舉人　祚光 增生　子山隆　山嶂

鄉試第十八名　侄山崧　山峋

會試

廷試

薛桓 字[illegible]號[illegible]彬所 辛亥相十二月十五日生行一
平陽府蒲州民籍 州學生 治書

曾祖[illegible]和 [illegible]
祖敦仁 太醫院吏
父承吉 庠生
母何氏
永感下
鄉試第二十四名
會試
廷試

弟 株 集 楹 桂 植
娶王氏
子 麟[illegible] 庠生 麟徵 麟瑞

翟鳳翥 字翼經號凡象陸壬子相二月初一日生行一

聞喜縣學籍治易經

曾祖養情 建樣

祖朝古 吏員任陝西同官縣教諭

父凌雲 增廣生

母王氏

具慶下

弟鳳翀庠生 鳳翽 鳳翹 鳳翔 鳳翮

娶景氏

子貞儀

侄瑞儀 軒儀

鄉試第十名

會試

廷試

魏名大 字澹菴號博泓壬子相九月二十六日生行一

武鄉縣恩貢軍籍 治禮記

曾祖國楨 中嘉靖戊午科任行唐知縣封承德郎戶部主事祀名宦

祖之翰 中萬曆丙子科任戶部江西司主事督理九江鈔關祀鄉賢

父時望 貢士見任北京鴻臚寺鳴贊

母李氏 增生李可發女

伯父廷望 保舉見任陝西永壽知縣

叔父命望 崇禎丙子科

具慶下

伯眞中 庚子舉人辛丑進士任總督宣大山西兵部尚書都察院右副都御史 賜蟒

伯光緒 壬子舉人癸丑進士任巡撫湖廣都察院右副都御史

兄初封 庠生 運開 庠生 凱大 遐大 庠生 京大 儒士

弟閣大 彌大 吉大 俱庠生 宗大 庠生 滋大 業儒

鄉試第三名 娶劉氏 湖廣□□□□進士任貴陽府知縣劉夢周□女

會試 子公琦 公勣 公浚

廷試

崔志乾 字元健號震海壬子相十一月二十二日生行五
蒲州附學生治春秋
曾祖付安
祖松栢　兄遜　敏　聰　哲
父嘉全　弟志睿　志健　志篤
母裴氏繼母樊氏　娶高氏　繼郭氏
嚴侍下　子步武　接武　纘武　奕武　踵武
濟武
鄉試第十九名　侄韞玉　含玉　瓛玉
會試
廷試

王天倪字[illegible]號[illegible]癸丑相二月初[illegible]一日生行一

河東運司附學生　治詩經

曾祖一中　登嘉靖癸卯科鄉試　授[illegible]縣知縣

祖士毅　登隆慶庚午科鄉試　授衡陽縣知縣

父祚隆　安邑縣庠生

母張氏

俱慶下

兄圻　運司庠生　弟天御　天鑑　均

娶周氏

子集穆　集雍　集灝

鄉試第四十五名

會試

廷試

靳士傑

字伯輿號霞岫癸丑相六月初[illegible]一

潞安府黎城縣民籍學生治禮記

曾祖繩武 增生　叔登雲

祖養正 增生　兄士弘 增生 士俊 庠生 士謙 亨 [illegible]

父承壽 見任平陽府訓導　弟

母李氏 繼母王氏　娶李氏

具慶下　子智 業儒 雙登

伯永爵 永祿 永福　侄勳 熏華 中 小娃 喜哥

鄉試第七十名　孫欽若 儼若

會試

廷試

李　元　字甲岡號鹿雲癸丑相八月二十一日生

黎城縣學生軍籍治詩

曾祖景春

祖孟陽　兄　奇

父大賓　弟

前母常氏母潘氏　娶郭氏　張氏　和氏　繼王氏

具慶下　子宗一

鄉試第三十九名

會試

廷試

趙　昭　字子亮號芳居甲寅相正月初九日生行一
澤州沁水縣增廣生民籍治詩經

曾祖時中　叔家珂　家璣　家玿　家瑸　家[illegible]

祖光榮　兄永昌　永健俱生貝　純一　純敬

父家璋　弟曉　暘　暄

母霍氏　娶吉氏

具慶下　子繼美　增

伯家琇京生

鄉試第十五名

會試

廷試

王文耀 字丁燦字號光斗甲寅相五月初二日生行一

忻州人充太原府附學生治書

曾祖來愈 隰州學正陞任陝西鳳翔府寶雞縣知縣

祖綸 庠生　　兄宇泰 庠生

父天顯　　弟武緯

母張氏 繼母張氏　　娶吳氏

嚴侍下　　子廷弼　廷魁　廷襄　廷翼

伯天成 叔仁古 俱庠生　　侄廷瑞

鄉試第　名

會試

廷試

張鏞中

字去偏號洎水戊午相七月初六日生行一

澤州陽城縣學生匠籍治易

曾祖守印 壽官　叔暹芳 庠生 流芳 儒士 奇芳 庠生

祖贇 贈戶部郎中　兄黎中 太學生

父同芳 庠生　弟梓中 庠生 經 緯 綸 紀 紘 齊中 繼 綱

母白氏　娶劉氏

慈侍下　子禕

伯志芳 歷官山東參議 天津邉餉道

鄉試第三十三名

會試

廷試

王度

字式金號文陽甲寅相十一月初十日生行二

澤州沁水縣學生匠籍治詩經

曾祖禮道 廩生
祖惟允 禮部儒士
本生祖惟祚 庠生
父廷璽 貢生
伯廷璧 儒士
嚴侍下
鄉試第六名
會試
廷試

曾祖母劉氏 莊靖公姊
祖母竇氏
本生祖母郭氏
母劉氏 莊靖公侄孫女 繼母張氏 霍氏 趙氏
叔廷璺 增生 廷瑩 儒士 廷諫 廷璉 廷瑋
廷瓚 天啓辛酉六名亞元 廷珙 儒士 廷璵 庠生 廷琇 儒士 廷琮 廩生
兄廣 儒士 弟方 庠生 應 庚 俱庠生 紘 紀 庠生 章
娶竇氏
子多祜 多慶 多益 侄多吉 多士

郝肖仁

字纘之號虎丘乙卯相正月初四日生行一
太原府忻州增廣生民籍治書

曾祖東洋
祖敬庠生　　凡
父施仁庠生　　弟肖義　肖禮　肖智　肖廉　肖節　[illegible]
母楊氏繼母銀氏　　娶張氏
重慶下　　子而光　而顕　而榮
伯利仁貢士叔毓仁庠生　　芳聲同榜舉人　宗仁　守仁　弘仁　任仁　[illegible]
鄉試第　名
會試
廷試

王錫隆 字爾嘏號鼎公乙卯相四月二十三日生行三
平陽府學生 翼城縣匠籍 治春秋
曾祖承恩 光祿寺署丞 贈署寺丞
祖國士
父贇中 原名自立 增廣生
母周氏
慈侍下
伯自治 教諭 梓化 庠生
鄉試第六十九名
會試
廷試
叔自端 庠生 篤 自潔 廩生 自振 監生 自章 增生 自明 庠生
兄統隆 庠生 昭隆 廩生 胤隆 附生 兆隆 庠生 進隆 祚隆 俱生
弟兆鯨 兆熊 兆鯉 俱庠生
娶楊氏
子書 鎔
侄履 受 申 寵 錄 佑 擁 曜 恍

弋瑆　字[illegible]號[illegible]　乙卯相六月十一日生行一

安邑縣附學生民籍治

曾祖元智

祖昀　兄

父序能運司庠生　弟

母衛氏　娶韓氏　繼崔氏

慈侍下　子敷極　敷復

鄉試第二十四名

會試

廷試

桑芸 字[illegible]號訒齋乙卯相七月二十八日生行一

太原府榆次縣廩生民籍治易經

曾祖元[illegible]

祖[illegible]

伯父維[illegible] [illegible]舉人[illegible]進士[illegible] 維杰[illegible] 維貞[illegible] 維嵩[illegible]

父維直 兄芑[illegible] 藻[illegible] 蕃[illegible] 蕡[illegible]

嫡母[illegible]氏 生母宋氏 弟萱 蘅

永感下 娶郭氏

鄉試第四十四名 子曰知 曰省 曰襄

會試 侄曰升[illegible] 曰秋[illegible] 曰萱 曰新[illegible]

殿試 曰乾[illegible] 曰震 曰頤 曰濟 曰晉

呂奇齡 字玄洲號鼎物乙卯相九月初八日生行二
太原府平定州增廣生守禦所官籍治書經
曾祖撫藩 庠生　伯父光先 正千戶縣生員
祖護 世職正千戶　九宗齡 庠生
父光遠 增廣生　弟鶴齡 增廣生　玄齡 舍人
母趙氏 繼母 馮氏 魏氏　娶賈氏　繼葛氏
慈侍下　子瑞初　瑞明　瑞世
高祖寅 嘉靖辛卯舉人 山東登州府通判　姪瑞麟　瑞鳳　瑞圖　瑞徵　瑞[illegible]
鄉試第六十一名　瑞顯　瑞茂　瑞呈　瑞[illegible]
會試
廷試

朱廷埥 字伯倩號虎澹園乙卯相十月十一日生行十

隰川王府奉國中尉陽城縣學生治詩經

曾祖聰瀊 誥封奉國將軍

祖俊梗 誥封鎮國中尉奉勅管理隰川王府事

父充𤈙 誥封輔國中尉奉勅管理府事

前母鍾氏 誥封宜人

母周氏 例封宜人

永感下

鄉試第五十三名

會試

廷試

伯充俠 誥封輔國中尉奉勅管理隰川王府事 充[illegible] 充[illegible] 叔充𤅊 俱誥封輔國中尉

兄廷𡎺 廷頓 廷㧾 廷地 廷埧 宗子 廷埽

廷壂 宗生 廷堀 宗廕 廷㙇 宗生 俱誥封奉國中尉

娶宋氏 繼關氏 張氏

子鼎[illegible] 鼎[illegible] 鼎

侄鼎[illegible] 鼎[illegible] 鼎 鼎 鼎駿 子鼎

朱巘 恩貢 鼎卿 鼎 鼎 鼎鈘 鼎

鼎鏹 鼎 鼎 鼎 鼎 鼎 [illegible]

鼎 [illegible] 鼎 俱誥封奉國中尉

王懋官 字克廣號坦如丙辰相六月二十一日生行三
平陽府絳州學生治易經
曾祖相 壽官
祖一正 直隸隋城縣知縣
兄懋寬 庠生 懋宦 儒士
父定民 吏部候選官
弟
母李氏
娶朱氏
[illegible]下
伯立德 立業 俱庠生
叔定昌 武學生
鄉試第三十四名
會試
廷試

張肇昱 字晦之號闇綠 丙辰相七月二十二日生 行二

澤州民籍 治詩經

曾祖朝 [illegible] 伯光先 [illegible] 光緒 [illegible] 光祚 光宇 [illegible]

祖思烈 贈河南按察使 光宅 [illegible] 光復 [illegible]

父光縉 [illegible]右布政使 兄肇昱 [illegible]

母郭氏贈淑人 繼母楊氏贈淑人 弟肇佳 [illegible] 肇晟 [illegible] 肇仕 [illegible] 肇能 [illegible] 肇陽 肇昇 肇京

庶母鍾氏 梁氏 娶孫氏 巡撫湖廣都察院右副都御史孫[illegible]相女

嚴侍下 子象龍 象容

鄉試第六十五名 侄象縈 象守 象琰 象城 象鐸 象鏞

會試 象熙 象鉉 象均

廷試

陳王紀 字憲之號心翌丁巳相十一月十七日生行二

平陽府蒲州猗氏縣監籍治易經

曾祖明禮

祖河南 兄王廷 方新 日新 俱庠生

父所蘊 弟王又新 庠生 王命 肇新 王烈 王心

母杜氏 娶李氏

嚴侍下 子九疇 洪疇

叔所守 典史 從王 光祿寺署丞 從龍

鄉試第 名

會試

廷試

温旌光 字警圓號冠麟戊午相十月初五日生行三

汾州府介林縣軍籍增廣生治春秋

曾祖介

祖其容 兄封光 廩生 啓光 堂兄進光

父三省

母郭氏 娶藺氏 繼張氏

嚴侍下 子文琳 文瑯

侄文瑜 文玗 文瑞 文璠 文璵

鄉試第五名

會試

廷試

楊永寧　字地一號坤元戊午相十月二十八日生行六

平陽府聞喜縣學生治詩經

曾祖佐　歲貢任直隸博野縣教諭

祖喬　歲貢任陝西徽州學正贈文林郎安平縣知縣

父聯　萬曆甲午舉人任陝西寧州知州

前母養氏　贈孺人　母翟氏　封孺人

慈侍下

兄永茂增生　永達國子生　永亨增生　永貞附生　永清附生

娶翟氏　繼翟氏

子蔚

侄穆附生　彬　宁　綸　宸　升　陞　稔　朝

鄉試第三十一名

會試

廷試

樊王室 字翼宸號我翠戊午相十一月初一日生行二
平陽府臨晉縣民籍治詩經
曾祖九思
祖堯　兄士奇
父國柱陽儒官　弟王家　王宗
母王氏　娶郭氏
具慶下　子麟瑞　麟祥
鄉試第六十名
會試
廷試

喬震蕃 字象昇號篤生戊午相十一月十一日生行一
平陽府蒲州猗氏縣塩籍治書經

曾祖岩 生員

祖翠秀 生員

父虞建 甲子舉人 弟震英 生員 震茂 生員 震葳

母侯氏 娶介氏 繼介氏

具慶下 子科甲 邑甲 增祿 成甲 來甲

伯唐建 廩生 侄登甲

鄉試第四十八名

會試

廷試

樊甲第 字賜卿號鵬舉戊午相十一月十四日生行三

蒲州學生 治易經

曾祖仕齊 義官

祖宗晉 耆碩

父若整 河東運司庠生

母吳氏

重慶下

鄉試第三十六名

會試

廷試

兄鍾精 儒士 鍾粹

弟

娶張氏

子一元 蓀元 養元 儲元 毓元

侄體元 州庠生

上官鑑

字金鑑號炳千戊午相十二月二十二日生行二

平陽府學生　翼城縣軍籍　治易經

曾祖臣　壽官　　叔宣　庠生　恒　增生　慎　增生　清　太學生　復　守備

祖恩光　累贈儒林郎大理寺寺副　　兄捷　太學生　鉉　廩生

父蕩　庠生　　弟鈜　增生　錦　鋐　鐸　錡　銓　鑰　俱業儒

母王氏　　娶史氏

具慶下　　子濾　源

叔陞　見任大理寺寺副　　侄澤　濬　瀞　淑　溥　溶　濂　涇

鄉試第二十一名

會試

廷試

郝芳聲 字蕙寔號香宇巳未相二月初五日生行一

忻州人充太原府學生治詩經

曾祖義　叔樹 獻

祖彥遹　兄蜚聲 庠生 利仁 貢生 施仁 庠生 毓仁 庠生

父元亨 庠生　弟芳名 芳春 芳桂 三元 庠生

母張氏　娶梁氏 繼張氏

俱慶下　子翰國 瑞國 翼國

伯慎 敬 庠生 燦然 庠生　侄肖仁 同榜舉人

鄉試第二十名

會試

廷試

王澤溥字霖周號玄一己未相七月二十三日生行一
平陽府洪洞縣民籍治易經
曾祖延齡 壽官
祖一中 勑贈文林郎三河縣知縣
父家楹 己未科進士揚州府同知
母郭氏 勑封孺人
慈侍下
兄
弟澤潤 庠生
娶裴氏 繼陰氏
子瑞徵
鄉試第四十九名
會試
廷試

李棠馥

字子苾號漢清己未相十月初十日生行一

澤州高平縣學生民籍治春秋

曾祖芝 壽官

祖向春 陝西漢中府西鄉縣知縣

父濬慶 庠生

母楊氏 前母郭氏

慈侍下

兄棠倓 庠生 棠茂 棠盛 棠益 庠生 棠縱 例監

棠郁 庠生 棠菼 庠生 棠監 庠生 棠蕃

弟棠緒 庠生 棠都 胞弟棠馞 庠生

娶秦氏

侄燿祖 燿宗 燿閎 燿閣 燿說 燿洲

燿詩 燿書 燿彤 燿室 燿軫 燿璧

燿星 燿斗 燿參 燿箕 俱業儒

鄉試第五十二名

會試

廷試

郭可圻 字圻侯號東軒己未相十月二十四日生行四

平陽府曲沃縣增廣生軍籍治詩經

曾祖世傑

祖[redacted]爵　兄可增候選縣丞　可坊故　可培故

父邦珠　弟可均

前母秦氏　李氏　娶王氏　繼娶董氏

生母嫡徐氏繼母王氏　子鎮華　鎮海

慈侍下　侄拱極　拱樞　拱燿　鎮宸

鄉試第一名

會試

廷試

鄭恂

字恂如號拱濵巳未相十二月初七日生行二

平陽府絳州稷山縣學生儒籍治詩經

曾祖命陝西宜君知縣 誥贈刑部陝西司郎中

祖寅山東按察司僉事遼餉兵備道 兄悅增廣生

父嗣吉增廣生

母胡氏 娶馬氏 繼李氏

具慶下

鄉試第五十四名

會試

廷試

王用予

字學安號紫沙庚申相正月十二日生行

平陽府蒲州河津縣增廣生軍籍治書經

曾祖諱

祖英

父自修　弟賓予　相予　寧予

母郭氏　娶康氏

重慶下　子啓籙　凝籙

侄儲珍生員

鄉試第十二名

會試

廷試

王亢生　字聖作號半石庚申相九月初五日生行一
澤州陽城縣附生治易經

曾祖柟　廩生

祖用光　兄

父自成　弟大生　廣生

母張氏　竇氏　娶趙氏

永感下

鄉試第三十名

會試

廷試

張光

字大覺號山庭庚申相九月十六日生行一

澤州沁水縣增廣生軍籍治易經

曾祖鋏

祖箴銘生員

父瀇天啓丁卯科舉人

母劉氏

重慶下

叔淳儒士 灎儒士 瀲

鄉試第六十二名

會試

廷試

兄蒔生員

弟眉生員 顏 膽

娶趙氏 繼霍氏

子文祥

侄異諸

劉王敬

字居一號奎陽庚申相十一月十七日生行一

太原府平定州附生治書經

曾祖攄貢生任平陽府安邑縣教諭

祖有年庠生

父誥

母趙氏 繼母魏氏

具慶下

叔諍 諒 伯叔夢祥庠生

鄉試第五十五名

會試

廷試

伯兄偉庠生 僎庠生 佩亨

弟

娶呂氏

子璐 生

荆世爵字希古號從修辛酉相二月二十五日生行一
係平陽府蒲州猗氏縣軍籍治詩經
曾祖汝霖
祖思聰覃恩冠帶　兄世芳　弘祚　世熙　世昌俱生員
父可標廩生　弟世茂　世蕃
母王氏　娶謝氏
具慶下　子文岀　文炳
伯可立貢士可桯儒官　侄文震　文亨　文貞　文離
鄉試第四十六名
會試
廷試

孔斯和 字勳之 號伊侯 辛酉相四月二十五日生 行三

澤州附学生 寧山衛軍籍 治書經

曾祖乾 生員誥封奉直大夫 山東曹州知州

祖調元 壬午舉人直隷 淮安府府同

父文縉 庠生

母鍾氏

具慶下

伯文維 庠生 文綸 貢士

鄉試第五十四名

會試

廷試

叔文紳 鏜 文燁

兄斯來 庠生 斯行 業儒

弟斯立 庠生 斯盛 斯百 斯信 俱業儒

娶趙氏 繼孫氏 高氏

子會 企 介

任駿 俞 念 金 仝

侯晋

字康侯 號麗明 壬戌相五月十五日生行一

汾州府學生 汾陽縣民籍 治易經

曾祖應倉 鄉耆　曾祖母馮氏

祖登貴 省祭　祖母[illegible]氏

父萬里 恩貢考中知縣　弟豫 泰 康

母任氏　娶朱氏

重慶下

鄉試第二十六名

會試

廷試

和鳴喈

守爾音號二如壬戌[illegible]五月二十[illegible]

冀城縣附學生民籍治[illegible]經

曾祖天錫

祖孟秋

父鳳翔庠生

母逯氏

具慶下

弟鳴嚶 鳴岐

娶張氏

鄉試第二十九名

會試

廷試

鄭琬　字用之號德如壬戌相八月十九日生行[illegible]
夏縣增廣生軍籍治書經

曾祖繼相司掾　伯艮棟　維新　從韶俱庠生　自修　日新[illegible]

祖時春義官　兄輝庚午科舉人　玹庠生　璜武生　琔儒士

父自新庠生　弟珂庠生　瑗　琯俱業儒

母秦氏　娶武氏

具慶下　子履光

叔詮司學生　侄履嘉　履亨　履昌　履貞俱業儒

鄉試第四十一名

會試

廷試

馬淑援

字亦波號柱明壬戌相九月初七日生

平陽府解州鹽籍治春秋

曾祖秉均 庠生

祖蝬 庠生

父近樂 庠生

母史氏繼李氏

燃侍下

鄉試第四十名

會試

廷試

兄開基 廩生 志鵬 開第 廷瑞 開美

娶王氏

子氏甞

侄允登 庠生 允恭 儒童

霍　焜

字映先號屺望癸亥相四月二十日生行二

汾州府孝義縣學生軍籍治詩經

高祖冀甲辰進士累官兵部尚書　伯本來　叔本性俱增生

曾祖鍾瑜朝議大夫長蘆運同　舅張藍田癸酉舉人　玉田選貢　元輔丁丑進士　心田　均田庠生

祖沁庚子舉人　兄煋廩生　焬　爔庠生　燁

父本質　弟煜　炅　焞　煊　燚俱業儒

母張氏繼母王氏　娶雷氏

嚴侍下

鄉試第二十八名

會試

廷試

王憲中 字以章號湛初己酉相九月十二

文水縣學生軍籍治易經

曾祖朝卿 僉大使　伯舜　在沼　在圃 俱庠生

祖振纓 庠生　叔在臺 萬曆癸丑進士官陝西布政司參政

父在庭 庠生　兄繼志　緒志　用中 光祿司署丞　靜中 庠生　作中 貢生　秉中 儒士

母張氏　弟毓秀 庠生　宏中 儒士　毓文 庠生

慈侍下　娶曹氏　繼李氏　任氏

子復吉

鄉試第五十九名　任謙吉　履吉　升吉

會試

廷試

12360

山西同年齒錄後序

今上己卯晉復大比士詔

主者爲海內兩鉅公錄成既各有言以

甄士且以獻之

聖明告之

祖宗矣多士濟側有錄以序其齒而

監臨李先生亦既進多士而廷教之謂
多士歌詠鹿鳴俾賓王家慮無不敵
篤自好以余日以蠡相勉先一本於中
之所識然而從始一心以爲
明廷用遂爲言以弁諸首簡咨爾多士
宜何如懍懍體嵩翁韙謨長諸士大夫

况更爲駢枝誤而多士况固以請也悵悵
丙子余嘗典蜀試而兩以醮諸士祇勿
欺二字因直發欺之根究種於文字
而欺事因之故余兩試全書彈精較
閱既不敢自即於欺而諸士以文見知
者率皆獨抒性靈鮮有修飾浮靡

爲欺己欺人迨發撤棘所得士非也
名宿深心理道則英英少年性靈獨
異而無不脗合於聖賢之旨爲額七
十餘一人多新科佩笙余謝一惟以蠢
爲後笑而中實歉歉然有以自下者余
不覺喜動顏色而益有感於蠢之爲

義也夫諸士今日並奏賢書初維父子
兄弟來敢遂許斯文為聲氣而發明
異地相遭莫不揖讓為兄而湛津然
弟之持是以從諸事任必無矜名位
憑幸雖為勝人之意而天下事何不克
有濟已余棘試蒇事畢肅告於

壯繆之神有曰顧得端人正士以佐
明時之用非是者文雖工無點多士實
應余祝並際風雲之會而無更敢得
余言以序茲盡則所稱端人正士克
已自下者其序之之義乎不然始事
相驩莫逆而後不能無稍戾也是在

今日亦祇飾以故事其欺己欺人為莫
甚殊非余平日相勗以聖賢理道之
意矣而又何更藉此駢枝為無已則
有
主者申告之録與
直指先生之弁言在

欽差提督學政山西布政使司右叅議兼
按察司僉事浙四明友生桂一章序
併書於文命堂

崇禎十二年陝西鄉試

監臨官

巡按陝西兼管監軍監察御史王　僎　淡人河南商城縣人辛未進士

提調官

陝西等處承宣布政使司左布政使朱本吳　生明浙江錢塘籍直隸宜興縣人丙辰進士

陝西等處承宣布政使司右參政唐登儁　大受四川富順縣人丙辰進士

監試官

陝西等處提刑按察司按察使楊　進　完履山西蒲州人己未進士

陝西等處提刑按察司副使曹心明　星渚河南商丘縣人辛未進士

考試官

承德郎吏部稽勳清吏司署員外郎事主事熊文舉 公遠江西新建縣人 辛未進士

徵仕郎中書科中書舍人李仲熊 非熊直隸永年縣人 辛未進士

同考試官

西安府推官王松茂 百尋河南寧陵縣人 丁丑進士

文林郎西安府咸寧縣知縣宋屺 子瞻河南永城縣人 甲戌進士

西安府長安縣知縣賈鶴年 伯長山西萬泉縣人 甲戌進士

西安府涇陽縣知縣高去奢 汝遜直隸寧晉縣人 丁丑進士

西安府三原縣知縣陳扆誦 咏先山東濟寧州人 丁丑進士

西安府渭南縣知縣劉運隆 号言山東安丘縣人甲戌進士

西安府富平縣知縣賈太初 彬若直隸河間縣人丁丑進士

文林郎西安府鄠縣知縣張宗孟 泗源山西定襄縣人戊辰進士

鳳翔府寶雞縣知縣嚴夢鸞 禎甫直隸灤州人丁丑進士

河南開封府許州長葛縣儒學教諭吳聞詩 興於河南固始縣人甲子貢士

河南河南府鞏縣儒學教諭董榑九 六息四川廣元縣人癸酉貢士

山西太原府陽曲縣儒學教諭衛民牧 君澤山西曲沃縣人庚午貢士

印卷官

陝西等處承宣布政使司經歷司經歷劉文濟 澤普山西汾陽縣人准貢

陝西等處提刑按察司經歷司經歷吳國瑞 輯甫湖廣衡陽縣人恩貢

收掌試卷官

鳳翔府推官李用中 元翀河南內鄉縣人恩貢

西安府同州知州周傀新 弘緒貴州貴州前衛籍湖廣邵陽縣人癸酉貢士

受卷官

西安府同知簡仁瑞 季麟四川榮縣人丁卯貢士

平涼府推官常道立 伊尚山西蒲州人甲子貢士

西安府白水縣知縣王無逸 敬子河南靈寶縣人恩貢

彌封官

奉政大夫西安府同知王明福 景仲河南汝陽縣人戊午貢士

西安府華州知州鄧承藩 君价廣西全州人甲子貢士

鳳翔府汧陽縣知縣劉之褒 赳淵四川富順縣人選貢

謄錄官

慶陽府推官郭之靖 與正直隸任丘縣人庚午貢士

臨洮府推官王維新 毅齋直隸廣宗縣人丁卯貢士

鳳翔府岐山縣知縣張名籙 友中河南光山縣人丁卯貢士

對讀官

鞏昌府通渭縣知縣王耀時 治易山東黃縣人選貢

西安府澄城縣知縣傅應鳳 儀廷浙江山陰縣人 壬子貢士

巡綽官

西安左衞指揮使榮任 弘毅直隸鳳陽府人

西安前衞加銜署指揮僉事譚九卿 碩輔湖廣長沙府人

西安後衞指揮同知雲騰 凌虛直隸三河縣人

西安後衞指揮同知朱錫爵 孟修山東鄒縣人

搜簡官

西安左衞指揮僉事劉允中 太和直隸揚州府人

西安前衞指揮周陞 熙宇直隸江都縣人

西安前衛實授百戶高　翔　凌霄直隸山陽縣人

西安後衛指揮僉事陳　震　振門湖廣麻城縣人

供給官

西安府同知楊王休　對嶽山[illegible]縣人　庚午貢士

陝西等處承宣布政使司經歷司都事王國賢　景之山[illegible]人　歲貢

陝西等處承宣布政使司雜造局大使顏奇猷　時升江[illegible]縣[illegible]　湖[illegible]吏員

陝西都指揮使司經歷司經歷馮仲奇　[illegible]山西[illegible]縣人　[illegible]

陝西都指揮使司斷事司斷事方奇白　又新福建莆田縣人　恩貢

西安前衛經歷司經歷陳　論　伯長福建莆田縣人　儒士

西安右護衛經歷司候缺經歷陳于階 國器貴州新添衛籍四川瀘州人吏員

西安府咸寧縣縣丞喻品 上卿湖廣黃岡縣人吏員

西安府長安縣縣丞施受正 順之直隸涇縣人監生

西安府武功縣縣丞劉孔英 伯望直隸宣府懷來衛人功生

西安府三原縣典史薛起龍 康子順天府籍浙江新城縣人吏員

第壹場

四書

行義以達其道

子庶民則百姓勸

吾豈若於吾身親見之哉

易

觀我生觀民也

其道大光

潤之以風雨

中孚信也

書

撫于五辰庶績其凝

念終始典于學

言以道接

慎固封守以康四海

詩

彼其之子邦之彥兮

田畯至喜攘其左右嘗其旨否禾易長畝

終善且有

譽髦斯士

克廣德心桓桓于征

春秋

夏公追戎于濟西 莊公十有八年

盟于召陵 僖公四年 會于蕭魚 襄公十有

一年

晉欒書帥師救鄭 成公六年

齊人來歸鄆讙龜陰田 定公十年 季孫斯

仲孫何忌帥師墮費定公十有二年

禮記

體信以達順

神則不怒而威

清明在躬

推賢而進達之

第貳場

論

聖人無不可爲之時

詔誥表內科一道

擬漢令禮官勸學興禮以爲天下先詔元朔五年

擬宋以程頤爲崇政殿說書誥元祐元年

擬

上憫念軍興月餉欠多外解不至

特搜發

內帑銀三十萬兩

命戶部酌量分給接濟仍

諭兵部飛傳各鎮錄到之日速行給散宣示
朝廷德意羣臣

謝表 崇禎十二年

判語五條

事應奏不奏

市司評物價

不操練軍士

老幼不考訊

造作不如法

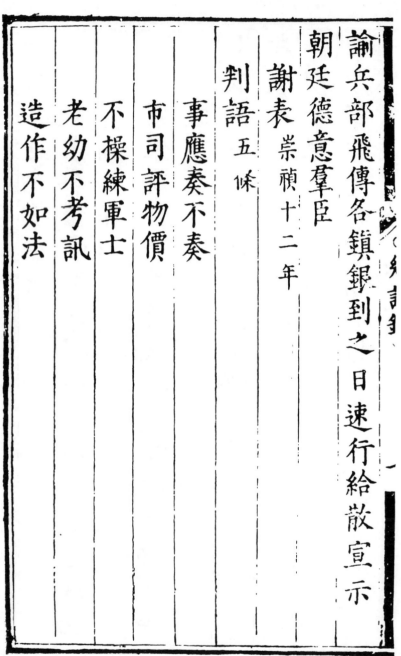

第叄塲

策五道

問禮讓之治國家猶濟川者之有舟楫而需風水也孔子曰能以禮讓爲國乎何有葢禮生共共生讓讓生紀綱風俗治國而無禮如馬解其勒銜而車脫其輪輻也唐虞尚已三代之治未有不本諸敬恭式於謙讓而能久安長治者郊社祖廟展煌煌大典哉不知聖人以人事

見天則繇至顯白至幽此其粲然者耳詩稱綱紀四方歸之勉勉記言軍旅有禮則武功成夫勉勉之詩說者謂咏歌文王作也乃夷考當時汝墳江漢之間沐浴王風被服禮教下至野人游女莫不貞兹林肅導以汜歌即至伐崇伐密赫怒成功而遠想依京悠然禮讓然則紀綱風俗可易言歟

皇上神明夐出懋建中和其所振飭匡移亦既

大小精微無不兼綜條貫讀宜諸品敘
序百度享嘉乃竊觀年來士氣沸然人
心螗若或訐於衡或譟於序或譁於伍
或詆於
朝勢如突釜奔流不至衝潰不已豈積漸使
然匪朝伊夕抑矯枉之偏小民善意遂
爾從風風唱和莫知軒輊也夫紀綱頹則
風俗壞風俗壞則亂形成憂世者豈得
以奔車而謝維挽維挽之道辟則坊焉

大爲之坊民猶踰之將操何術而可諸
士自袀袂攖屨以至於今其於安上治
民體信達順講明非一日矣豈其曰以
俟君子居願與爾停驂而相商

問財成輔相以左右斯民者莫不始於泰
交然易稱天地交泰歸於上下交而志
同夫交而推本於志必有積誠以爲感
通者固非徒一晉接一條對之爲交而
已也粤稽唐虞曰股肱喜哉元首起哉

而即繼之以百工熙哉乃所以成四方風動茂從欲之治也周書曰予有亂臣十人同心同德立定厥功惟克永世自古熙隆之業疇不於君臣契合得之乃帝曰喜起王曰同心同德其與易言上下交而志同者亦有合與若漢唐宋之創業中興君臣開代不乏人其於泰交亦有當乎否與

太祖高皇帝闢草昧之洪濛聯堂簾之分誼職任

諭 祖 列

耑於六卿議事責於臺諫論思歸於輔
弼常
廷臣曰朕觀書以元首喻君股肱喻臣自古君
臣本同一體君獨任則臣職廢臣不任
則君事勞君臣之間貴一德一心以共
濟天下煌煌
訓眞與虞周比隆帝王媲美矣
聖相承以及我
皇上勅

天憲
祖
朝講無怠懸鞀設鐸於茲一紀試驗之吏治將
材軍機民瘼聞正財成輔相之先務乃
邇來日廑
聖明宵旰之憂諸臣未効涓埃於萬一豈五帝
其臣莫及與旅諸臣未能公爾忘私以
爲
國家殫忠竭力與嘗味易初九三爻有自復
來者有自臨來者有自歸妹而來六往

居四九來居三者其所爲致泰者道果安在儻有可見之施行者與欲幾上下之同上繼虞周之盛爾多士尚直抒胸臆以陳行籍手以當美芹之

獻

問求禦侮之方於今日如饑需食渴需飲勢不能旦夕待也上世九官十二牧未嘗以知兵名苗民弗服文德誕敷舞干之外無他也亂臣稱於有周然[illegible]四夕

之中亦第云予有禦侮未聞别曹署而
分之揭揭焉以是爲求以是爲應者古
之君子出典戎行入爲卿士兔罝在野
燕喜歸朝不得已以武功表見夏葛冬
裘適然而已漢唐宋不乏變故之相仍
當時英賢亦不聞磨礪以相待乃偶相
遭而萃集雲暉日麗景色燦然諸士讀
書論古倘可揚厲其一二歟宋事於今
爲切近夷考當日固有謂舉世無才以

罔君聽者共說至今非之然而亦有獻
社稷之大計而高蹈闊當路之汲引而
自疑味滂沱之語勇謝尊榮解澧鼎之
圍灰心仕進至於剛明腹心之臣憂國
者惓惓論薦惟恐或遺甚矣才之岐出
而異名也倘以一目險之風雨川原銷
過半矣
國家外患內急寇亦既有年乃者烽火屢
逼甘泉羽檄徧馳寰海斯亦激天義情

之時志士願皇之日也

主上宏綱闢門韜車樹賊未嘗頃刻不在鷺振

鷹揚奈何薦牘有人往成虞闕試可而

用動等塗靈豈明揚之道未得掄光嶽

偶當其選歟雖然以守劍用惟用徵才

事功之途美於敬應何敢以光嶽而狹

當世也夫求才於無事之時則言愛養

求才於多事之日則言激厲如使拾級

清夷處醇創攘以有為爲好事謂敢言

爲沽名則亦畫蛇添足與人代共湮沉

耳已士何時而可自見乎執事曰咨咨

爾多士爾多士亦昌言毋曰予未有知

弗告也

問財用者經國之急務也生財有大道生

與節其大端矣要所爲急治其耗財之

處以徐培其裕國之源者心計之臣原

期斟酌並劑也粵稽理財之法莫詳于

周禮其以三十年之通制國用亦有可

縷數者與他若漢之計相唐之度支宋之封樁儲蓄其于生節大道亦有合與否與我

國家自奴孽流氛外訌內變軍儲日急動見捉襟蒿目時艱者自加派而外言那借言搜括言設處捐輸事例蓋竭宇內赴之而中梏如故也究所以籠萬匯以入而蠹日恥設百關相掣而危反漏者其故亦有可推原者與意者吏之宂濫兵

之詭餉胥之乾沒亦有日釐之而未盡者與還思
聖祖開天經綸草昧當民物豐亨之日定經久不易之規曰屯曰鹽曰鈔曰鑄曰茶曰馬籌畫絜然度支不匱方冊具存可考也
皇上宵旰焦勞諄諄誡諭亦旣斟酌釐議矣乃未盡見之施行何耶豈
高皇帝所謂養兵百萬不費民間一粟者斷難修舉與漢家自有制度綜核之主尚能奉

以中興

皇上聰明天縱遠駕百王茲欲使良法美意一

旦措諸天下濟國用之窮極民生之厲

何道而可爾多士素矢忠猷久矣尚其

悉抒經濟以佐

廟謨

問夷狄之禍至今日岌岌乎殆哉蓋累牘

連書之不能既也往者患在藩籬今且

偪我堂奧矣往者防在關隘今且危及

中原矣往者憂在殺傷蹀躙今且戕
桐封淪省會矣此何時乎語云
主憂臣辱士子童而習弄呫嗶緒開之而況共
載奔車同栖燕幕豈其泄泄方蹶憲憲
方難視
宵旰爲隔膺姑舍是四郊多壘爲不知誰何
之恥也夫殺賊需兵而今斷無可用之
兵練兵需將而今斷無可任之將緩則
逗遛急則引避弱則望風而潰强則羣

起而譁曆數古來兵單法玩未有如今
日耆蓄艾非時
旁求孔棟繪風摶影章滿公車乃虛言噂沓
實效無聞豈選將練卒嚴哨探飭器械
習營陣種種急務載在兵法神而明之
變化日新尚可蹈常襲故苟且因循一
誤再誤乎維昔有言如響斯應維往有
效如病斯方汝諸士攬古興懷寧不我
告

皇上問夜求衣憂勞過計而又不時
召對大小臣工晶嚴誓戒增兵增餉議排築舍
道取討長海內湯火嗷嗷願從此少緩
須臾以觀廓清之烈乃說者又謂兵日
增而紀律未明徒以匱餉餉日增而民
生憔瘁何以待兵方今脫巾揮羽所在
譁然幾幾乎將有不戢自焚之禍汝諸
士共此蒿目痛心倘可以備前籌知不
以藿食謏與而況修我戈矛義激同讎

聲聞自古願言起舞而賦無衣

中式舉人七十一名

第一名邢應斗　南鄭縣附學生　詩
第二名王公選　三原縣附學生　易
第三名王熙如　三原縣學生　書
第四名楊昌齡　西安府學附學生　禮記
第五名吳赤霜　韓城縣附學生　春秋
第六名步文政　乾州學生　詩
第七名趙廷對　漢中府學生　易

第八名趙廷佑　南鄭縣學生　書

第九名馬雲龍　高陵縣學生　易

第十名馬侍輦　西安府學增廣生　詩

第十一名呂得璜　郃陽縣附學生　書

第十二名羅朱錦　三原縣附學生　詩

第十三名黃金綬　安化縣學生　詩

第十四名張振祚　西安府學附學生　易

第十五名郭堯京　西安府學附學生　易

第十六名李率祖　潼關衛附學生　詩

第十七名李本澤　富平縣增廣生　詩

第十八名李承尹　三原縣附學生　書

第十九名朱永盛　漢中府學生　書

第二十名王煌　蒲城縣附學生　春秋

第二十一名王雲龔　漢中府學附學生　禮記

第二十二名張倜祚　華州附學生　詩

第二十三名韓詩　涇陽縣附學生　易

第二十四名王徒　三原縣增廣生　書

第二十五名韓九有　澄城縣學生　詩

第二十六名許廣益　漢中府學附學生　詩
第二十七名王槎　中部縣增廣生　詩
第二十八名史標　華陰縣學生　易
第二十九名王𠷈　靖虜衛學生　書
第三十名蓋繼孔　西安府學附學生　易
第三十一名丁映章　固原州學生　禮記
第三十二名郭忱　華州增廣生　書
第三十三名張𢜟　鎮安縣附學生　春秋
第三十四名王鉞　朝邑縣學生　易

第三十五名師儒英　三原縣學生　詩
第三十六名朱廷翰　寧夏衛學生　書
第三十七名王　朕　西鄉縣拔貢　詩
第三十八名馬達德　三原縣學生　禮記
第三十九名賈奇珍　高陵縣學生　詩
第四十名趙兆麟　富平縣附學生　春秋
第四十一名周之桂　咸寧縣附學生　書
第四十二名王道泰　高陵縣附學生　易
第四十三名劉弘猷　朝邑縣附學生　易

第四十四名郭肯穫 朝邑縣學生 書

第四十五名石中玉 隴西縣拔貢 易

第四十六名朱敬[illegible] 咸寧縣附學宗生 詩

第四十七名郝璧 蘭州選貢 書

第四十八名朱璲 渭南縣學生 詩

第四十九名何一傑 涇陽縣附學生 易

第五十名李惟讓 環縣學生 詩

第五十一名秦琅 涇陽縣附學生 易

第五十二名賈漢儒 麟遊縣學生 詩

第五十三名解幾貞　韓城縣附學生　書
第五十四名張弘祚　鄠縣附學生　春秋
第五十五名朱誼滆　長安縣附學宗生　詩
第五十六名李國瑾　府谷縣學生　禮記
第五十七名艾朝楝　米脂縣增廣生　易
第五十八名田乘先　富平縣附學生　書
第五十九名楊恒　鞏昌府學生　書
第六十名張鯨音　富平縣學生　詩
第六十一名徐民洽　韓城縣附學生　詩

第六十二名南士元　延安定縣學生　易

第六十三名陳九經　鞏昌府學生　詩

第六十四名黃聖果　隴西縣增廣生　詩

第六十五名李本定　商州增廣生　書

第六十六名劉凝咒　延安定縣附學生　易

第六十七名李品馨　富平縣附學生　詩

第六十八名侯標勳　寧州學生　書

第六十九名劉世芳　延安府學生　禮記

第七十名孫明翼　華州附學生　易

第七十一名呂鈞璜　郃陽縣學生　書

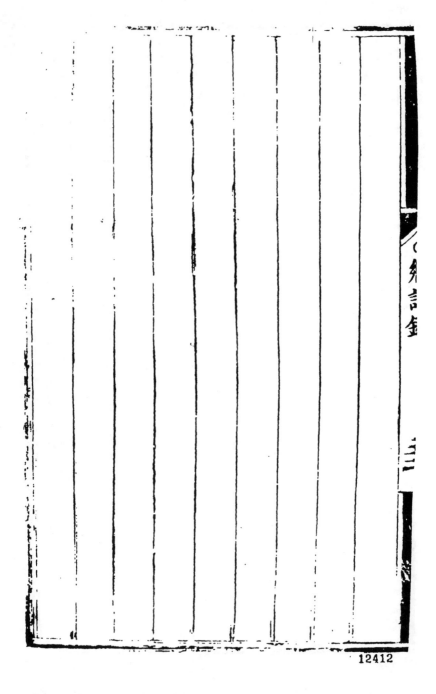

第壹場

四書

行義以達其道

邢應斗

同考試官教諭吳 閑詩 批 天外三峰青奔無際此題實講如何行義達道使人當日引古詩意得此悠然會心

同考試官知縣嚴 蔦 批 都於無字句處傳神遠水遂令瞭洞不盡

同考試官知縣宋 屺 批 玄深古澹曠代希音

同考試官推官王松茂批　俱於言外縹緲瀠洄調高

考試官中書舍人李仲熊批　偶得題神

寡和

考試官署員外郎事主事熊文舉批　高深

聖人欲以道公天下而深有意乎達行者焉甚矣惟能達道者之不負乎行義也聖人穆然及之豈睠懷已乎且自道可明天下多醇儒道可行天下興至治此當世之思吾黨之責也是以大道爲公果哉非隱得時而駕及物爲難則及

有所謂行義以達其道者治亂安危非運也有杭之者果其仔肩之及身千[illegible]聖賢俱於一時觀統緒而不謂遂有儲藏而給者恢恢乎若中逵之直遂無滯也或其生平陳誼甚高誠知富貴功名非所以酬知己君子之仕行其義也固孰籌之乎天地民物非外也有託之者苟其責任之相關萬象森羅莫不於一身占枯菀而不謂巳有探懷而與者涓涓乎若流泉之乍決方沛也或其繇來悲憫獨深誠知康濟乂安無非

以抒夙抱如有用我執此以往遂無煩再計乎
是何遭逢亦適然獨此持重而不苟也毋亦必
如此而大行而後軒裳非幻竹帛非粗風雨川
原俱有欲開之黯色是何一善可成名獨此深
茂而不測也毋亦必如是而有為而後誦讀如
親𪖐謌如荅嵁巖泉石絕無可盜之虛聲伊何
人哉想像徬徨為之神往矣此義不明而道遂
為干祿之具委蛇浮湛君臣之義薄道以之淪
雖然兵農禮樂確然有以相將聖門無苟於行

義者然以語於達道猶幾幾乎其未可輕許也
然則陋巷簫然吾斷未信豈爲謝榮名而甘蕭
寂乎故曰漆雕開已見大意

子庶民則百姓勸

王公選

同考試官知縣張宗孟批　不費講一語而歆動之意

躍然此題名構

同考試官知縣陳象謫批　澹雅而超能兼衆妙

同考試官知縣高夫脊批　語不煩而意足先正風徽

12417

固知猶有領袖之者

考試官中書舍人李仲熊批　骨秀神清

考試官署員外郎事主事熊文舉批　簡至

惟民不難於勸益知子之不容已也夫為政而至於百姓勸則政舉矣乃即於子庶民得之子所謂歆哀公也曰臣言九經大約以尊君也顧君身為萬化之原而懿親賢臣又領兆民之秀雖然不如民勸之為道光而德普也九經何以子民之具著哉良以斯民也倚雜而處服習相

觀勢則可以尊臨情則未能勉俞經不聞言歡
也蓋言子也經不虛言子也子庶民則百姓勸
矣君民之界甚懸雖畢世不能通其懷抱而一
當仁愛闓豫之主覺我父我母無此勤渠雲雷
之蔀未徹雖同室不能告以恫瘝而一游軫恤
體念之中遂我惻我哀同其罔極是故督於師
儒猶可戮也原於顧復不可戮也未聞其所以
致之君者何如而父子兄弟之間已無越志是
故嚴於分誼猶可解也篤於毛裏不可解也未

聞其所以媚於君者何事而江漢汝墳之後又見休風誰謂民庶志願則同豈其彙繁愛戴如一民之勸也經言豈欺我哉乃當日魯事有不然者公室而既卑矣公安得有民民之不圖魯之所以日弱而未有已也季氏世脩其勤史墨雖爲失對然其旨危矣夫子之告哀公慎詞哉

吾豈若於吾身親見之哉

王熙如

同考試官教諭衛　民牧批　山水之清音鼎彝之古色

備於此矣

同考試官教諭董搏九批　玄襟瑩抱朗月冰壺

同考試官知縣劉運隆批　意在筆先流風迴雪

考試官中書舍人李仲熊批　韻格天然

考試官署員外郎事主事熊文舉批　古宕

元聖急於躬逢其盛而用世之思不再計矣夫道至吾身親見其樂何如伊尹所謂翻然也曰古今聖賢相信者心難期者遇蓋遇合之來匪人爲之也天下事之可以想象而不獲躬親者

寧止一端遑顧問哉予今日者再四低徊初亦謂道可樂而不須幣聘也早見堯舜於莘野予今日者再一擬議儻有君可事有民可使而一當幣聘也遂爾堯舜其君民嗟乎堯舜去今遠矣方以為垂裳化遠我生其後絕無都俞之堂簾方以為擊壤風微民生不辰亦無熙皞之耕鑿而不意一離畎畝而遂親見之也憶予五就時亦有所見而非如此之君也　予畎畝中亦有所見而非如此之民也邊邇誦讀羹牆雖近

人代終遙俯仰懷思時會縱違臣扶可望天下
事想象之不如身親見也大抵然也吾豈若於
吾身親見之哉敢謝傲縉予將往矣嗟乎尹之
用心苦矣揖讓征誅事從此變環思所樂能無
懼乎然而其任在是親見之所謂不再計亦以
云救也故曰伊尹聖之任者也

易

其道大光

趙廷對

同考試官知縣張宗孟批　質濬而清體堅而栗可以式浮式靡矣

同考試官知縣陳康誦批　自滌靈襟栖於至青木臺雪嶽想泉甚雀

同考試官知縣高去奢批　妙理高言俱出塵埃之表程義中之不多得者

考試官中書舍人李仲熊批　璽如璋

考試官署員外郎事主事熊

現於益下之道而益之德著矣夫益於道大光

而益下之美為何如者且賑惠施窮之事其起於發皇君德之世乎上右聖人未聞有所裒聚也穆穆而已雖然上下有難通之情愈推愈隘君民無一體之意且隔且冥吾不能不想象於損上益下者從來惟獨曬之事不可以告人謂其闇也而此之為道則已耶然其若榻從來惟自豐之資不可以及物謂其斂也而此之為道則已燦然其咸周天下於是乎慶有大積也雖利予之亨乎而已發蒙茸之色矣天下於是樂

有厚蓄也雖潤澤之事乎而已被雲漢之章矣葦斟羣酌猶共飫洽之私卽此儲而不有渙而不居而後知合四宇以昭宣天地原無可嘉之美利或祝或謳猶其感濡之跡卽此開其所無疏其所壅而後知順四時以補助帝王亦無可述之功能民說無疆固其所乎乃漢武征榷以遂喜功益則未也所損多矣而唐德銖銖封之以爲已有可謂道乎藏富於民雖聖人利物之所以無已時亦主術之所繇衆著也

中孚信也

馮雲龍

同考試官知縣張宗孟批

中孚得加許與義覺從來乃解之為膚

同考試官知縣陳家誦批

名理濃言備有古人之美

同考試官知縣高奉春批

冰稜磊砢骨理甚堅乃其名深入何精美也可式

考試官中書舍人李仲熊批

簡穆淵深

考試官署員外郎事主事熊文舉批

蘭校

釋相信之交益有以尊中德矣甚矣信之難也必中孚而後信其義不可思乎且叔世之多故也其起於二三之私未化而猶爲貌飾以相滇者乎夫謹深之地天下於此叩其藏靜穆之中萬物有以窺其隱道不本諸中而欲以外者囊之此君子之所謂怵然於末季也吾恍然於中孚之卦焉人身有載疑之官郎耳目亦不相信而何以斷然期許直操要約於神明世情滋匿僞之地雖靦靰亦覺難行而何以確爾憑依盡

貢忠恍於密勿必如是而後信信其可也誠知
作詒作誓皆其後起之事聖人則有以危懼而
不敢居矣必如是而後信信非苟也誠知汝虞
我詐皆其酬往之私聖人則刻厲而有以自處
矣人謂四虛無著之地可以觀理詣人淵涵而
不知通復之誠亦於此觀妙人謂一念不起之
時可以得事機之倚伏而不知感應之道亦於
此抒靈聲希味寂知故俱捐妄去眞存及物如
貫中乎之義不於是而可繹乎抑此即君德之

誠也宋儒每以慎獨爲其君其學最爲有本蓋慎獨而嚴之不規不闚夫亦恐其不自信耳信不繇中而欲以恭儉飾天下詩之所謂嘆屢盟亂長也中之義微矣哉

書

言以道援

呂得瓚

同考試官教諭衛 民牧 批

玉色淵光風華絕世

同考試官教諭董 樽九 批

於道援中發出一段聽言

宏議可備箴銘

同考試官知縣劉鏜隆批　尺水發風波瀾浩闊莫能

名其所至

考試官中書舍人李伸熊批　精簡絕倫

考試官署員外郎事主事熊文舉批　沉儁

慎其所以接言者愈知道不可離也夫言可接不可拒然無其道則淆矣昔公以爲人主以一人之精神而乘天下之紛雜胥接之義起焉是故不有以衡之則無往而不爲其所中志以道

寧所謂鰓鰓告也雖然則又有言在言之途最廣非如志之約而易操與言接之事至煩非如志之淆而易辨然而亦有道焉憂戚危明之論君子自發其光昌而小人託意抒辭亦多慷慨吾以道析之是非異同固有不得而爭其杪忽者矣登明選公之議君子自宏其弼亮而小人秉機植黨亦有汲揚吾以道燭之公私義利固有不得而淆其累黍者矣是以聖王在上雖芻蕘木石亦有樂見之英華而終不使闒道之言

得以紛紜於堂陛是故明主求言即鞀鐸鼓鍾
具有至靈之響答而終不使非道之議得以匿
釆於文章聰明不恃問察得其至精聲氣周通
審克歸於一是此聽言之准也以是為訓而猶
有譸張變幻以熒主德者言路不清國之憂也
繁宦遊謀小旻所戒然則人君之接言也豈以
盈庭為廣闢哉

慎固封守以康四海

李承尹

同考試官教諭衛良牧批　慎守發如許名言商[illegible]嚴潔之可登廊序者

同考試官教諭董搏九批　典而懿質而辯可謂鴻文

同考試官知縣劉運隆批　謇諤恭嚴居然訓誥之體

考試官中書舍人李能批　經濟名言

考試官署員外郎事主事熊文舉批　蒼疑

明於其所當慎而天下安矣夫欲康四海諒不必求之四海也封守其可忽哉告畢公曰國家安危理亂之本每繫於元老之精神蓋一念敬

息居圍託焉申畫郊圻知公自有以爲四海計
然而猶有封守在也封以言乎其疏也柳似小
隙不途中邊盡虢守以言乎其要也柳似當機
稍懈釁蘖俱乘慎之哉什伍雖存或者有名無
實河山錯繡或者有險無人何以承平無事綢
繆蓄將常如風雨之飄搖何以叵測未形審啓
防維凜如窺虢之踵至蓋磐石之鴻圖欲枝繁
必先植幹而外藩之翼戴惟居重乃可馭輕剛
柔以易之故業已厝於不傾參差逆順之倫自

爾相安無事以康四海其在是乎海宇雖分其綏猷每觀於畿輔康侯四布其爲憲則式於大臣是所謂保釐告也乃南征不復齊幾而四海騷然周之所以愧赫濯聲靈於殷武也說者謂周公定鼎郟鄏明示以有德者興無德者廢此東郊之命所以惓惓封守也歟

詩

彼其之子邦之彥兮

步文政

同考試官教諭吳 闡詩 批 佩從鄭業載[illegible]人

之致

同考試官知縣嚴 夢鸞 批 音韻清響亭亭物表

同考試官知縣宋 岷 批 可謂惜墨如金而[illegible]宕之

姿愈出

同考試官推官王 松茂 批 精確不浮簡貴得體自是

名程

考試官中書舍人李 仲熊 批 風度悠然

考試官署員外郎事主事熊 文舉 批 玄潔

12437

美大夫者終嘆咏之不置焉夫彥而藎於一邦
大夫之德以國重矣賦羔裘者曰吾儕居是邦
而覺人物之足爲重輕也緇衣未遠彝好猶存
大雅已衰王風漸泯及觀之子竊自慶焉夫之
子非所稱舍命不渝而邦之司直者哉望裘英
之美樂且有儀揚晏粲之輝文而不耀此邦中
不幾見之子也於其表異已彰服采之休此邦
中猶幸有之子也藉以超東實著龍光之重王
室而既畢矣我邦之夾輔實首諸姬之子何以

悉愛油然令人想素絲居然再覩也次國而
陵矣我邦之窺伺倍於諸輔之予何以救美須
宣令人遡周道尚有餘懷也不然逍遥河上兵
則散而無紀邦失其威贈謔溱流士女蕩且如
狂邦無其禮向非彼其之子鄭能國乎抑鄭周
之季也桓武之後代不乏賢故雖介在强大而
征伐會盟未聞失對邦家之光所繇著也讀雞
鳴風雨之時懷賢不已羔裘之衣被豈爲簡略
乎

克廣德心桓桓于征

馬侍華

同考試官教諭吳開詩批　藻耀高翔文中鳴鳳

同考試官知縣嚴夢鑾批　曲折淋漓寶光四溢久不

同考試官知縣宋吧批　古色希聲淵淵金石

是此名程矣敬服

同考試官推官王松茂批　都是勗勉之意瑰琦典雅

可以儁彝鼎而重明堂

考試官中書舍人李仲熊批　名理精言

考試官署員外郎事主事熊文舉批　雅鍊

期多士之椎心嘉有征也夫魯而旣弱矣非克廣以于征卽有德心曷足尚乎頌泮水者曰吾聞學宮興賢造士文德茂焉雖然士以有用爲良德以服衆爲備如曰此濟濟者僅褰橋門光芹藻已也淮夷攸服安望哉今日濟濟多士亦知魯侯戾止之意乎謂先朝奉璋之美不廢烝徒而儒者折衝之威先於俎豆多士毋曰具有德心靈淵自湛豈其文事干羽是求吾固願多

士之充廣之也念上有敬明之主雖杯酒可以銷兵而外有未服之夷匪賦詩遂能退虜四郊多壘卿大夫之恥多士豈不聞之桓桓于征其可緩乎忠信甲冑仁義干櫓多士之審充者甚精封疆義憤夷夏大防多士之講求者備悉桓桓于征因顯多士之無貳爾心而誼不逐顧也抑魯弱國士不患無德而愧無才故終魯之世兵威不振蓋聲容盛武備衰往事固然不獨宋也桓桓于征亦以義憤激之耳夫子之以泮水

彰魯頌也旨微哉

春秋

晉欒書帥師救鄭 成公六年

吳赤霜

同考試官知縣賈太初批 絲竹之音風霜之色

考試官中書舍人李仲熊批 思致悲練

考試官署員外郎事主事熊文舉批 高簡

晉臣之所全者大其事近於王矣此書之救鄭所全者不止於鄭也於此而不錄功焉書之心

也夫鄭天王之懿親也王室是輔不從爾荆人
盟楚之兵所繇動也爰稽救師晋之欒大夫書
者乃秉厥鉞繞角遇此非得志時乎而楚逐矣
桑隧遇此又非得志時乎而書還矣策勲形庭
欒武子其何以告我后春秋曰書之志不在功
也可以告之天下後世而無憾焉者也功之所
在人思爭之其或兵必而應之爲多師弱而張
之爲强權輕而假之爲重功小而冒之爲大此
其心惟庸是彰而三軍之命非所意也勝則圭

瓚用璽土田用用錫卽不勝而二三執事與有責焉況乎欲戰者八人也此其心惟衆是聽而一人之斷非所能也勝則執訊以獻俘馘以安卽不勝而二三友邦可速師焉況乎與盟者列國也而書豈意不及此益以信仁人之心王者之事非其人莫屬矣心則可以自信而名不必自已立罪不必自已辭事則可以相全質之聖臣而無慚鑒之天心而弗疑王一王也大一統也莫非吾民而忍慘之鋒鏑也哉噫鄭式微矣若

夫桓武之閒而楚曷敢越厥志楚固不得為義也書之救周公膺戎之志乎雖然春秋不欲戰者也律以簡書武子其奚辭焉

齊人來歸鄆讙龜陰田定公十年　季孫斯仲孫何忌帥師墮費定公十有二年

王　煌

同考試官知縣賈太初批　一種堅凝蒼傑之氣躍然紙上

不磨

考試官中書舍人李仲熊批　裕然蒼然

考試官署員外郎事主事熊文舉批　嚴整

聖化行於內外而禮之用大矣此三田歸而齊一變費墮而魯一變以是知禮之足為國也且達天人者聖德之體正內外者王道之用昔仲尼之相魯也道本於天志存於王不私一己以意不示衆人以能出其餘以應之不勞而成治一徵於齊人之歸田祝其之墟伏兵車而思逞者方謂聖人無樽俎折衝之術使含先王之禮而從事於司馬之步伐勝不勝皆倖也歷階宣

言禮教不儼然也哉竊據之版籍忽於濟水之外捧圖而至恍若天王下正疆理之令而齊君臣奉行惟謹也迨其後伯父甥舅相歸於好卒未聞不義之干戈交於汶泗而外患吾知免矣一徵於魯季之蹔費百雉之都憑尾大以藐國者將謂聖人無辨制貞憲之用使舍先王典禮而借力於友邦之師於勝不勝皆倖也須頒聽命禮意不凜然也哉借滅之雉堞忽於東蒙之下遵制而行恍若天王頒大一統之書而魯大

夫隕越是懼也迨其後君臣上下各安其分卒
未聞不倫之雅頌紊於朝廟而內患吾知免矣
禮明分定則尊卑義安德盛化神而外內順治
猗歟休哉春秋夫子之筆也自序其績可乎抑
天道也序移星見天曷嘗不示於人哉三田在
百里之內乎汶陽濟西何不書歸也用迨三年
寧不以歸魯者而歸之王哉

禮記

體信以達順

楊昌齡

同考試官知縣賈鶴年批　理題易沉出之高亮理題易泛入之淵凝似此名通可以語天人之際矣

考試官中書舍人李仲熊批　妙理淵然

考試官署員外郎事主事熊文舉批　深秀

原順所以達而知誠之爲貴也夫至於達順而治功竟矣乃不外體信得之順豈遠求之天下哉且治情之功以順爲極而天地之休徵應焉說者謂先王其有遺行乎是故無功之享徃而

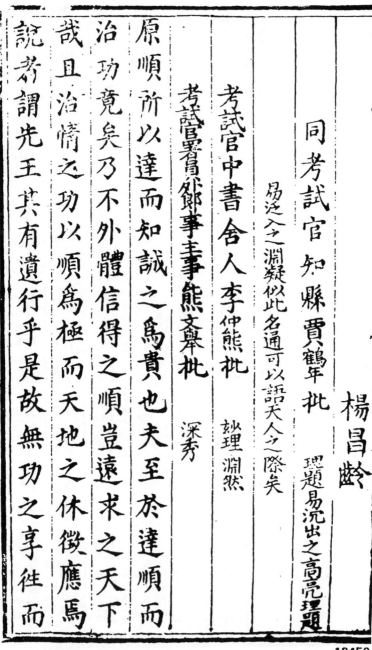

易盈匪道之祥荒而不貴脩禮達義先王尚之
雖然末已也天下無不一之情中乎可格人心
有自然之性觸類而通故有時信有時不信非
體也耳目口鼻之相依豈容附麗即一人信一
人不信非體也作止語嘿之相習何事推移但
覺一念惻怛環天下待濡待沫於其中體信者
不知也夫亦以爲體在則然而萬象之亨嘉普
矣但見一念諄誠環天下自生自養於其內體
信者不知也夫亦以爲當體固然然而百靈之

噓吸徧矣品節雖詳未若反躬之更切事宜可

貫何知及物以無遺大順之徵豈偶然哉抑此

即中庸之所謂誠也仁育本於中和達順根於

信一而已矣不信不誠而斷斷求之天下不

盤而問月乎故曰至誠而不動者未之有

也不誠未有能動者也

清明在躬

王雲聲

同考試官知縣賈鶴年批

謝衆芬而標遠韵名香一